博碩文化

博碩文化

兼具 React 核心主題與實戰面試的前端技術指南

React
求職特訓營

精選 30 道實戰決勝題 × 轉職 Q&A
無痛提升你的前端面試力

王介德（Danny Wang）著

前端開發者必學的實務範例

告別似懂非懂的開發困境，提升你的專業實力

由淺入深講解	實作導向切入	前端心法補給	求職祕訣分享
一步步了解 重要核心概念	透過實際範例 驗證你的理解	提供額外的詳細 補充前端知識點	分享真實面試題 與求職情境處理

2023
iThome鐵人賽
冠軍

iThome
鐵人賽

React 求職特訓營

精選 30 道實戰決勝題 × 轉職 Q&A

無痛提升你的前端面試力

作　　者：王介德（Danny Wang）
責任編輯：曾婉玲

董 事 長：曾梓翔
總 編 輯：陳錦輝

出　　版：博碩文化股份有限公司
地　　址：221 新北市汐止區新台五路一段 112 號 10 樓 A 棟
　　　　　電話 (02) 2696-2869　傳真 (02) 2696-2867

郵撥帳號：17484299　戶名：博碩文化股份有限公司
博碩網站：https://www.drmaster.com.tw
讀者服務信箱：dr26962869@gmail.com
讀者服務專線：(02) 2696-2869 分機 238、519
（週一至週五 09:30 ～ 12:00；13:30 ～ 17:00）

版　　次：2024 年 11 月初版

建議零售價：新台幣 620 元
Ｉ Ｓ Ｂ Ｎ：978-626-414-032-4（平裝）
律師顧問：鳴權法律事務所 陳曉鳴 律師

本書如有破損或裝訂錯誤，請寄回本公司更換

國家圖書館出版品預行編目資料

React 求職特訓營：精選 30 道實戰決勝題 x 轉職 Q&A
無痛提升你的前端面試力 / 王介德 (Danny Wang) 著. --
初版 . -- 新北市：博碩文化股份有限公司，2024.11
　面；　公分

ISBN 978-626-414-032-4(平裝)

1.CST: 就業 2.CST: 面試 3.CST: 職場成功法

542.77　　　　　　　　　　　　　　　113017190

Printed in Taiwan

博 碩 粉 絲 團

歡迎團體訂購，另有優惠，請洽服務專線
(02) 2696-2869 分機 238、519

推薦序一

這是一本相對進階的書籍，適合具有一定 React 實戰經驗的開發者閱讀。書中深入探討了 React 的狀態管理、副作用處理以及效能優化等主題，非常實用。如果你已經累積了一些實戰經驗，書中的豐富案例分析與程式碼範例，將讓你在閱讀過程中充滿驚喜與啟發。這些範例不僅幫助讀者加深理解，更能為日常開發意外產生的一些小 Bug，提供具體的查找方向。

關於如何高效使用這本書，我的建議是帶著問題來找答案。如果你在開發中曾遇到像「頁面兩次更新閃爍」或「記憶體洩漏」這樣的問題，可以直接跳至相關章節。透過本書提供的解釋，不僅能驗證你對相關概念的理解是否正確，還可能讓你發現自己過去忽略的細節或踩過的坑。

特別值得一提的是，本書的最後一章包含了十道來自實戰面試經驗的程式題。這些題目涵蓋了 React 的渲染邏輯、實作待辦事項工具、手刻 Tab 元件、分頁功能，以及井字遊戲和翻牌遊戲等常見的 React 面試題型。每道題目設計精巧、難度適中，既可以檢測你的 React 理解深度，也非常適合作為面試前的快速暖身練習。如果你近期需要準備 React 面試而時間有限，不妨從中挑選幾題進行練習。

總而言之，這本書對於希望提升 React 開發能力的開發者，或正準備 React 面試的人來說，是一本極具參考價值的工具書。相信它能幫助你不斷進步，甚至在面試中脫穎而出。

iThome 鐵人賽評審 劉艾霖 謹識

推薦序二

作為一名科技業的資深前端工程師，我由衷感激 Danny 在我轉職軟體工程師初期提供的幫助與指導。從模擬技術面試到職涯討論，他總是以清晰的思路和一針見血的建議，幫助我迅速找到方向，少走了許多彎路。

得知他即將出版這本書時，我充滿期待。本書不僅深入剖析了初學者在學習 React 時常遇到的問題，並提供了清晰、完整的解決方案。更令人驚喜的是，Danny 還在書中分享了他多年累積的求職 Q&A 和職涯經驗，幫助轉職者從更高的視角審視自己的選擇，為未來的職涯規劃奠定基礎。

我相信這本書會像當初 Danny 幫助我一樣，為每一位讀者帶來啟發與成長。祝願這本書能成為初學者的良師益友，點亮你在程式之路上的每一步。

資深前端工程師 *Justin* 謹識

推薦序三

Danny 是我在 AlphaCamp 認識的學長，一位備受敬仰的前端大前輩，他不僅透過文章分享知識，還經常不辭辛勞地回答同學問題，使我和學弟妹們都受益良多。Danny 也無私投入個人時間回饋 AlphaCamp 社群，特別是他多次舉辦的「模擬面試」活動，每次一公布就立刻報滿；我也有幸參與過，並在 Danny 的指導下順利找到工作。而這次他把多年的實務經驗與鐵人賽的文章一同濃縮成書，來回饋整個前端社群，不僅包含 React 的實務分享，還解答了常見的面試疑問。

書中的 React 內容聚焦於工作中最常遇到的實務需求，包含狀態管理、副作用、效能優化等重點。無論是在職開發者還是新手，這些主題都能有所收獲。書中還加入了許多程式碼範例，讀者可以隨書練習、動手做。而書末還分享了作者面試中遇到的真實問題，真的很難想像要在面對面試官、有時間壓力下完成這些題目，對於喜歡挑戰或是正在準備 React 面試的工程師來說，這是不可多得的教材。

此外，書中也探討了求職者經常面臨的心魔，Danny 用幽默而平易近人的語調，來分享他的觀點。如果求職時能讀到這本書，我相信會減輕不安，提升信心，甚至縮短求職歷程。總的來說，這本書適合正為求職而努力、學習 React 的初學者，想以 React 為核心框架的開發者，或是希望挑戰自己 React 熟練度的實務開發者，無論在哪個階段，都能在這本書中找到寶貴的收穫。

前端工程師 *Kai* 謹識

推薦序四

自己是非本科轉職者，只有一年經驗使用 Angular，雖然有接觸過 React，但實戰經驗並不多，下個新的工作將換成使用 React 開發，剛好在這個時候收到 Danny 的邀請，真的覺得好幸運，在上工前快速惡補一下。

這本書不是教你怎麼學 React，跟一般坊間的教學書不同，內容偏向舉出許多實戰中常見的情境，情境都不難，但往往是新手剛接觸時，很容易犯錯與搞不清楚的地方。從大量實例帶到背後對應的核心觀念，在閱讀時常常看到自己在開發上真實遇到的情境，不經驚嘆原來只是這樣的簡單概念，竟然讓我卡住這麼久。

作者文筆流暢，以淺顯易懂的方式解釋，還有程式碼可以搭配理解，最喜歡的部分是每個段落最後還會有「專欄」區塊，分享 Junior 常見的技術或是面試經驗分享，每段都讓新手工程師可以重新反思自己的工程師職涯，或者是選擇時可以考慮的方向。大力推薦給所有剛學習完 React 的工程師以及學習 React 一段時間的 Junior 工程師閱讀，相信從中一定會有不少收穫。

前端工程師 *Evan* 謹識

序言

「React 作為近年最主流的前端開發框架，難道市面上關於 React 的書籍還不夠多嗎？」這樣的開頭雖然很老套，但卻不失為一個很好的問題，這個提問與我為什麼過去舉辦無數次 Javascript 讀書會、模擬面試與職涯諮詢活動，有著相同的核心原因：「這年頭求職真他〇的困難」。作為學習者，我們總是好奇著同一件事情：「自己目前學的東西究竟夠不夠，讓我們成為一個合格的軟體工程師，在職場上打滾」，這點也深深困擾著當時參加轉職課程的自己，即便看了無數個教學影片、完成許許多多的練習專案，甚至讀了各種軟體聖經（有沒有吸收進去又是另一回事了），但心裡就是沒個底！直到第一次上場面試後，才理解自己究竟有多少實力、又有多少不足的地方，很多時候一個好的機會就這樣與自己擦肩而過了，不過我想事情並不一定得這麼發展。

我一直很認同實戰的重要性，就好像以前學生時代我們讀完課本之後，會透過刷題來驗證自己的能力，而非直接上指考現場一決生死。如果在你已經有著一定基礎的前提下，透過仿真的實戰問題去確認自己具體的掌握程度，補足自己在學習時的盲點，並瞭解實務場合到底會碰到什麼樣的問題，那麼也許你在面試或工作時能更加得心應手。一直以來，我都是抱著這樣的想法在辦活動，希望能協助更多的學習者在工程師這個職涯上過得順遂，滿足我自己內心的教師魂與虛榮心，算是一種變相的自我價值實現。現在透過博碩出版社有機會將受眾擴大，接觸到更多的學習者，那麼我自然會想辦法，將我這些年的經驗、教學與實戰心得彙整在這本書中，提供一個不僅僅是理論的學習資源，而是結合實戰的綜合指南。

書中每個問題都是經過精心挑選與設計，源於日常開發中可能遇到的情況、面試常問的問題、技術社群討論中反覆提到的技術難題。對於學習者而言，我不希望你只是照本宣科、機械式地去記憶解答，而是希望能夠從問題中逐步探索，理解背後的邏輯，並將這些知識應用在實際開發工作中。

在書中，我將以案例導向的方式呈現，這樣的設計不僅能幫助你理解每個問題背後的技術細節，也能讓你進一步熟悉如何解決類似的實際問題。每章節後還會提供一些進階的提示，這些提示不僅僅是為了解答具體問題，更重要的是希望能夠引導你去發現學習過程中的盲點，從而提升你的思考能力與問題解決能力。

當然，書中的問題設計除了關注技術層面外，也特別著重於如何應對面試中的各種情境。隨著時代進步，工程師面試的要求也變得越來越多樣，僅僅了解技術細節已經不再足夠，還需要具備良好的溝通能力、邏輯思維，甚至是團隊合作的能力。我們將會從模擬面試題目中，學習如何以最有條理的方式向面試官闡述你的思路，這不僅能幫助你通過面試，還能讓你在日常工作中表現得更加出色。

最終，這本書希望能夠陪伴你走過從學習到工作上場的過程，幫助你在求職或工作的路上更加順利。每一次的實戰訓練都是在為未來的挑戰做準備，而我相信透過這樣的努力與準備，你會成為那個在眾多候選人中脫穎而出的 React 開發者。

王介德 謹識

目 錄

02 CHAPTER　React 中你可能忽略的副作用

實戰決勝題一覽表

1

React 狀態管理的
陷阱與技巧

本章將帶你深入探討 React 狀態管理中的常見問題和挑戰，並提供解決這些
問題的技巧。從為什麼使用 Array.push 更新 state 無法觸發重新渲染，到探
討 setState 的批次更新機制，再到條件渲染的異常行為與 Hook 使用的規則，
我們會透過具體的範例剖析這些常見錯誤的背後原理。本章的每個問題都可
能是你在實際開發中會碰到的，藉由學習這些陷阱與技巧，可幫助你在未來
開發中避免重蹈覆轍。

❖ 本章學習重點

學習重點	說明
理解 React 中的狀態更新機制及常見陷阱	認識 React 如何處理 state 更新及其判斷機制，理解為何直接修改引用類型（如陣列或物件），不會觸發重新渲染。
掌握如何正確更新陣列與物件狀態	學習不可變性的重要性，避免使用 push 或其他直接修改原值的方法，並透過建立新物件或新陣列來正確更新狀態。
深入理解批次更新機制與 setState 的非同步行為	探索 React 批次更新機制的運作方式，學會正確進行多次 setState 呼叫，避免因批次處理導致的狀態更新不及時的問題。
學習處理條件渲染中的異常行為	了解 React 的條件渲染邏輯，避免渲染多餘值或無效元素，並掌握如何解決條件渲染中可能出現的渲染錯誤。
學習如何管理龐大的元件狀態	探索在應用程式變得複雜時，如何有效管理龐大的狀態，學習透過最佳實踐來提高應用程式的可維護性與效能。
掌握 Hooks 使用的基本規則與注意事項	深入了解 React Hooks 的使用規則，避免在條件式或迴圈中使用 Hooks，從而防止「Rendered more hooks than during the previous render」的錯誤。
理解 useState 初始值的行為與更新失敗的原因	學會如何處理 useState 初始值無法更新的情況，理解 React 渲染機制中的初始化行為，並透過正確的技術解決初始值不更新的問題。

在 React 開發中，「狀態管理」是非常核心的部分，無論是初學者還是有經驗的開發者，都可能在管理狀態時遇到意想不到的問題。

透過 useState 和其他內建的狀態管理工具，React 讓我們能夠靈活控制應用程式的狀態，然而這些工具背後的運作原理並不總是如表面看起來那麼簡單。當應用程式變得越來越複雜，這些潛在的陷阱可能會導致預期之外的行為，像是 state 更新不起作用、連續更新失敗，或者條件渲染中的異常表現。

1.1　Array.push 用在更新 state，居然不起作用了？

React 開發的過程中，「state 的建立與更新」是絕對避不掉的環節。乍看之下，useState 使用簡單，但卻藏了不少的眉眉角角，在開發上就成了許多錯誤的源頭。在本小節中，我們將藉由一個非常簡單卻意外常見的錯誤，來讓讀者開啟這一連串的練功之旅。我們來看一下你是否了解這個 useState 的重要概念吧！

範例程式碼

URL https://codesandbox.io/p/sandbox/1-1-array-pushyong-zai-geng-xin-stateju-ran-bu-qi-zuo-yong-liao-35w5n9

點擊按鈕後，為什麼畫面沒有出現對應的變化呢？

題目說明

如圖 1-1 所示，這個題目的邏輯相當單純，畫面中有個按鈕去新增想展示的使用者名字，下方則是一個展示目前所有使用者的區塊，我們期待點擊按鈕後，要新增一個「Leo」的名字進去展示的區塊，不過點擊按鈕後，畫面卻沒有任何變動。

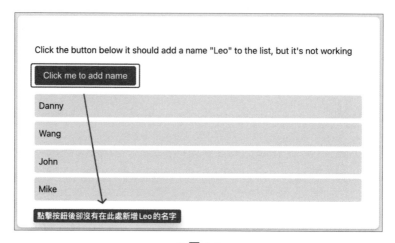

∩ 圖 1-1

仔細看一下相關的程式碼，渲染部分的程式碼看起來很正常、沒有問題。

```
<ul>
  {names.map((name) => (
    <li key={name}>{name}</li>
  ))}
</ul>
```

點擊按鈕的邏輯，則完全由下方的程式碼控制。

```
const DEMO_NAME_LIST = ["Danny", "Wang", "John", "Mike"];
const [names, setNames] = useState(DEMO_NAME_LIST);

const handleClick = () => {
 names.push("Leo");
 setNames(names);
 console.log(names);
};
```

為了確認我們的想法，程式碼中還加入了印出 names 的邏輯。當點擊按鈕後，你在 Console 中顯示的 names 確實如我們所希望的，變成 ['Danny', 'Wang', 'John', 'Mike', 'Leo']，表示我們的 names 變數是正確的，而 setNames 函數應該有將該值更新，那麼為什麼畫面沒有出現對應的變化呢？

 作者小叮嚀

這個題目帶出的觀念雖然是基礎中的基礎，但我仍在許多已經學習 React 一段時間的同學、甚至是工程師上，看到他們犯下相同概念的錯誤，我們來確保你不會是其中一個吧！

▌解答與基本說明

對很多人來說，我想這個題目再簡單也不過了，關鍵在於你是否了解 React 是怎麼去判斷是否需要重新渲染（re-render）元件。別擔心！我並不打算要大談 React 渲染機制中 reconciliation 以及 diffing algorithm，我們從基本的開始就行了。

大致來說，React 會在以下兩種情況重新渲染元件：

1. 元件本身的 state 或是傳入的 props 更新（update）。

2. 該元件的父元件（parent component）re-render。

這次的例子只有單一元件，因此很明顯會是第一種情況觸發重新渲染，不過問題來了，正如我們在題目敘述中特別提到的，看起來 state 確實有被更新，印出的 log 也有看到 names 確實有變動，為什麼畫面還是沒有更新呢？

核心的原因在於「React 對於更新的定義」，其判斷一個 state 或是 props 是否更新，會採用 Object.is 這個方法去做比較，若是結果為 true，則跳過重新渲染的操作，因此對於物件來說，你務必要產生一個新的 reference，才能觸發重新渲染。題目中的 push 並不會建立一個新的陣列，而是對原有的陣列進行操作，因此被 React 判斷為並未更新，自然就不會觸發重新渲染，最終導致雖然值更新了，畫面卻沒有任何變化的結果。

同樣的概念也在傳統的物件中碰上，下方的程式碼單純去更動（mutate）物件值的作法，也是理所當然不會觸發任何的重新渲染。

```
const updateUser = () => {
 user.name = 'Wang'
 user.age = 18
 user.gender = 'male'
 setUser(user)
}
```

理解這個核心的概念後，剩餘的一切就很簡單了。你只要能先產生一個與原本 users 不相同的 reference，再呼叫 setNames 函數，就可以達到我們期待的結果了。

 **要怎麼產生新的 reference？**

在 JavaScript 中，產生一個新的 reference，通常涉及到深拷貝或淺拷貝的概念，這些概念是理解如何操作物件和陣列時保持不可變性的基礎。

- 淺拷貝：淺拷貝會建立一個新的物件或陣列，但只複製原始物件或陣列的第一層元素。如果原始物件包含其他物件或陣列，淺拷貝會與原始物件共享這些內部的引用。在 JavaScript 實現淺拷貝時，最常見的其中一個作法便是使用展開運算子，來快速做出物件或陣列的拷貝。

- 深拷貝：深拷貝則完全獨立於原始的物件或陣列，不共享任何引用。深拷貝會複製原始物件中的所有層，保證新物件在結構上完全獨立。深拷貝可以透過原生語法 JSON.parse(JSON.stringify(object))、structuredClone，或是使用專門的函數庫（如 Lodash 的 _.cloneDeep 方法）來實現。

無論你採用哪一種拷貝方式，最終都會視為產生一個新的 reference，在 JavaScript 中將被視為與原始的物件 / 陣列是不同的東西。

在本題的情境中，以下的兩種作法都是很好的解決方案：

```
const handleClick = () => {
  // 直接使用擴展運算子配合 setNames
  setNames([...names, 'Leo']);
  // 或是建立一個新的陣列再做操作，這樣的作法在你要做的操作較為複雜時會有更好的
可讀性
  const updatedNames = [...names];
  updatedNames.push('Leo');
  setNames(updatedNames)
};
```

透過 Q1 的題目，我們了解到 React 在什麼樣的情況下會觸發重新渲染，以及你該如何正確地去更新狀態，當然我們省略了一些更為底層的細節，但本章提到的概念足以應付這個常見問題了，下次當畫面沒有正確重新渲染時，我想你會比較有概念往哪個方向去思考。

求職 Q & A

 Danny，聽說你現在在做工程師啊？是不是真的這麼好賺啊？你們這樣的轉職者薪水大概怎麼樣啊？

 這應該是最多人在乎的，但沒有幾個人有那個臉皮直接問，很慶幸的是我周邊不缺乏這樣的人。談錢真的很庸俗，不過確實是非常值得在乎的一個問題，這邊我們就來談一談吧！

一直以來，因為辦過不少活動的關係，許多人有向我討論過待遇的問題，加上也接觸過其他業界的朋友，對於第一份 junior 工作的薪資，我自己心裡確實已經有把尺。以過去三年在台中、台北，且完全沒經驗的純軟體 junior 缺為前提，樣本數 80 以上，起薪介於 38k-60k，年薪則介於 45w-90w，中位數大致落在每個月 45k、年薪 60w 左右。

由於 junior 水準落差極大，加上每個公司對於 junior 要求不同，造成級距落差不小，因此有些極端值就先忽略不計，但基本上還是各憑本事的世界，有能力的人可以儘量爭取更好的價碼，第一份就破百的也不是沒聽過。

隨著年資增加與跳槽，自然可以讓這個數字不斷的攀升，但天花板也是存在的。在台灣的純軟體工程師，即便是資深工程師，都很難跨過年薪 200 這道坎，除非是外商或是你有負擔一些管理的責任，想靠寫程式大富大貴，我覺得很有難度，但可以讓你有一份足以溫飽且有挑戰性的工作，持續精進你的技能，也會開拓更多的機會。

對有些夢想出國工作的人，更是相當不錯的踏板，全看你怎麼看待這職業，各行各業都有自己的酸甜苦辣，我雖認為所有人都有能力學習寫程式、做一個開發者，但我同時也不認為每個人都該一頭栽進這個領域。

1.2　setState 連續呼叫這麼多次，怎麼只作用一次？

在 React 開發中，對 state 的操作往往看似直觀，卻暗藏玄機，特別是當我們試圖多次更新 state 時，在簡單的操作下，結果卻可能會出乎意料。本小節將深入探討一個常見卻容易被誤解的場景：「多次呼叫 setState 的行為」，透過這個簡單但令人有些困惑的例子，我們將揭示 React state 更新的內部機制，糾正常見的誤解，並學習如何正確進行連續的 state 更新。

> **範例程式碼**
>
> URL https://codesandbox.io/p/sandbox/green-leftpad-lhmtd 4
>
>

如何修復異常，使點擊後順利遞增 setCount 的次數？

題目說明

如圖 1-2 所示，這同樣是個相當單純的 UI 介面，頁面上有個「Click Me」按鈕，點擊後會增加畫面上 count 的值。

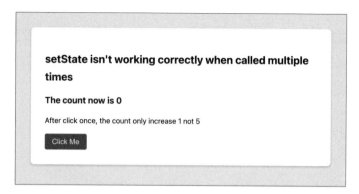

∩ 圖 1-2

因為某種原因，我們期望點擊按鈕後一口氣呼叫 5 次的 setCount，讓 count 的值遞增 5，因此我們針對按鈕上的點擊監聽器，寫了以下的邏輯：

```
const handleClick = () => {
  setCount(count + 1);
  setCount(count + 1);
  setCount(count + 1);
  setCount(count + 1);
  setCount(count + 1);
};
```

但實際上的執行結果卻出乎我們的意料，每一次的點擊只讓 count 增加 1，彷彿我們只寫了一次 setCount 一般，你是否能解釋並修復這個異常，使點擊後順利遞增我們 setCount 的次數呢？

解答與基本說明

看起來雖然是個簡單的 useState 問題，但也許答案並不是你想的那樣。我之前碰到別人向我提問這類問題時，他們有個很常見的誤解就是「以為這是因為 setState 為非同步行為」，實際上問題並沒有這麼玄妙，setState 也 100% 是個同步的操作，只是你對 React 渲染仍不夠了解而已。

最根本的原因在於，state 在每一次的 render 其實都是維持相同的值（簡單來說，是因為在 closure 內）。什麼，你聽不懂？加上 log 後，我想你就會清楚一些了。

```
const handleClick = () => {
  setCount(count + 1);
  console.log('count1', count) // count1 0
  setCount(count + 1);
  console.log('count2', count) // count2 0
  setCount(count + 1);
  console.log('count3', count) // count3 0
  setCount(count + 1);
  console.log('count4', count) // count4 0
  setCount(count + 1);
  console.log('count5', count) // count5 0
};
```

注意到了嗎？雖然你呼叫了許多次的 setState，但當下印出每次的值都是初始值 0，這下你理解了其實上方的程式碼與下方的示範程式碼等價。

```
const handleClick = () => {
  setCount(0 + 1);
  setCount(0 + 1);
  setCount(0 + 1);
  setCount(0 + 1);
  setCount(0 + 1);
};
```

由於 count 的值在當次 render 中是不可變的（immutable），因此每次的 setCount 呼叫，都相當於將 0 加 1，而這樣的結果當然是每次都得到 1。

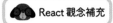 **理解 React 的批次更新機制（batch update）**

React 的批次更新機制是為了優化應用程式的效能。當你在事件處理函數中多次呼叫 setState 時，React 會將這些更新操作合併，並在事件處理結束後一次性更新 UI，因此無論你呼叫了多少次 setState，React 都會只執行一次渲染，並且每次更新都使用事件處理開始時的 state 值。

※ 延伸閱讀：React batches state updates（ URL https://react.dev/learn/queueing-a-series-of-state-updates#react-batches-state-updates ）。

為了正確累積 count 值，我們需要利用 setState 的回呼（callback）形式，確保每次更新都是基於前一次的 count 值。

```
const handleClick = () => {
  setCount(prev => prev + 1);
  setCount(prev => prev + 1);
  setCount(prev => prev + 1);
  setCount(prev => prev + 1);
  setCount(prev => prev + 1);
};
```

這麼一來，React 會確保每次 setCount 的呼叫都基於最新的 count 值，使得 count 最終正確累加 5 次。

透過本小節的範例，我們稍微更深入探討 React 的 render 行為以及常見的誤解。在初學者看來，也許會覺得 React 有些不直觀（事實也的確如此），但這就是 React 底層的運作機制，隨著題目繼續進行下去，相信你對於整個渲染行為會有更深入的理解，未來遇到類似的問題時，也會較為容易切入。

求職 Q & A

 Danny，我了解薪資的情況了，我覺得我目前的工作領域沒什麼成長性，也想跟你一樣轉職當工程師，你會建議怎麼開始啊？

許多朋友 / 親人知道我轉職後，這也是我很常收到的問題之一，我不太確定為什麼經常被問這個問題，但我合理懷疑是我轉職後看起來過得有點太爽。說真的，我並不是很喜歡建議別人轉職，畢竟這是一個人生的重大決定，我總會覺得若是我大力推薦他轉職，他人生的其中一部分成敗也就落在我身上了，因此除非他的轉職心意已決，否則基本上我都會建議他們去試試水溫再說，你可以先試著上一些入門課，看自己到底有沒有興趣，再決定是否做後續的投入。

現在轉職工程師已經不是什麼新鮮事了，網路上有相當多的平台都在做轉職特訓班之類的 bootcamp，像是我之前學程式的 alpha camp 就是挺有名的例子，其他像是六角學院、胡立、app works、五倍紅寶石、tibame、甚至是資策會都有推出類似的課程，時間從 3 個月到 9 個月不等，實體線上都有，總之就是協助你順利轉職工程師的一些機構。

當然，你也可以選擇線上自學，網路上免費學習的資源真的已經多到你不可能學得完了，只靠一些免費課程就轉職的人也還是存在，現在各種的 AI 工具使用也大大加速了整個知識獲取的過程，但若是要我重來一次，我還是會選擇 bootcamp 這條路，原因在於花錢消災較為簡單，你對於該學什麼也比較有方向，有系統性的課程與一些社群的活動，也比較容易讓你不至於半途而廢，這會是個有些漫長的過程，我覺得自己一個人挺容易迷失的。

但不管你選擇的是哪一條路，這些課程都只是給你一個敲門磚，讓你踏入程式的領域，未來實際踏入職場靠的還是你自己。這方面的學習永無止境，為了不被淘汰，你得不斷地繼續學習，這就不是 bootcamp 能夠幫你的，修行在個人。

1.3 簡單的 useState 使用，卻出現了「Cannot set properties of undefined」的錯誤訊息？

在本小節中，我們將探討一個常見但容易被忽視的錯誤：「Cannot set properties of undefined」，這個錯誤通常出現在你嘗試使用 useState 和 useEffect 處理非同步資料請求時，沒有適當處理 state 的初始值或渲染邏輯，導致畫面渲染失敗。透過這個實際範例，你將學習如何正確處理這類問題，並進一步理解 React 的渲染機制與資料綁定的細節。內容的最後會提供多種解決方案，讓你能夠靈活應對類似的開發挑戰。

範例程式碼

URL https://codesandbox.io/p/sandbox/1-3-jian-dan-de-use stateshi-yong-que-chu-xian-liao-cannot-set-properties -of-undefined-de-cuo-wu-xun-xi-tjx5y6

---

 03 （實戰決勝題）**畫面為什麼沒有順利渲染？**

▍題目說明

如圖 1-3 所示，你看到了閃亮的一片空白，這並不是什麼印刷錯誤或是作者偷懶，而是真的什麼都沒有。

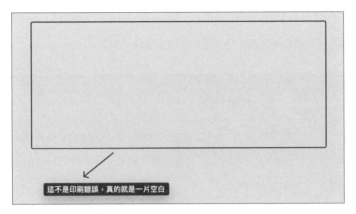

這不是印刷錯誤，真的就是一片空白

⊙ 圖 1-3

　　這就很奇怪了，畢竟光看程式碼，這是一個簡單且相當常見的情況，你利用 fetch 或是 axios 去向後端發送請求，取得某些資料後再利用 setState 保存資料，最終渲染出你所要的畫面。

```
export default function App() {
  const [user, setUser] = useState();
  useEffect(() => {
    fetch("https://jsonplaceholder.typicode.com/users/1")
      .then((response) => response.json())
      .then((data) => setUser(data))
      .catch((error) => console.error("Error fetching data:", error));
  }, []);
  return (
    <div className="App">
      <div>The user name is {user.name}</div>
      <div>The user age is {user.phone}</div>
    </div>
  );
}
```

在這個例子中，我們會向 jsonplaceholder 發出請求，如圖 1-4 所示，已知 api endpoint 本身並沒有任何問題，但畫面卻沒有順利渲染。

```json
{
    "id": 1,
    "name": "Leanne Graham",
    "username": "Bret",
    "email": "Sincere@april.biz",
    "address": {
        "street": "Kulas Light",
        "suite": "Apt. 556",
        "city": "Gwenborough",
        "zipcode": "92998-3874",
        "geo": {
            "lat": "-37.3159",
            "lng": "81.1496"
        }
    },
    "phone": "1-770-736-8031 x56442",
    "website": "hildegard.org",
    "company": {
        "name": "Romaguera-Crona",
        "catchPhrase": "Multi-layered client-server neural-net",
        "bs": "harness real-time e-markets"
    }
}
```

確實有收到來自 API 的資料，確認 API 本身是沒有問題的

∩ 圖 1-4

作為一個前端工程師，為了找出問題，你很自然地打開了 Devtool，想知道是否有什麼訊息可以參考，結果你看到了如圖 1-5 所示的錯誤訊息，也就是本題的重點：「Uncaught TypeError: Cannot set properties of undefined」。

```
TypeError

Cannot read properties of undefined (reading 'name')

App
/src/App.js:14:34

  11 | }, []);
  12 | return (
  13 |   <div className="App">
> 14 |     <div>The user name is {user.name}</div>
     |                                ^
  15 |     <div>The user age is {user.phone}</div>
  16 |   </div>
  17 | );

View compiled

▶ 14 stack frames were collapsed.

This screen is visible only in development. It will not appear if the app crashes in production.
Open your browser's developer console to further inspect this error.
This error overlay is powered by `react-error-overlay` used in `create-react-app`.
```

🎧 圖 1-5

▌解答與基本說明

這次的問題稍微有意思一點了，甚至我在實務中也看過幾個工程師或學習者犯過類似的錯誤。實際上，這個問題並不完全算是 useState 或是 useEffect 在搞事，而是 React 本身的 render 機制以及一個非常單純的 JavaScript 問題。

為了解決這個問題，你必須先了解 useEffect 執行時機，它會在第一次 render 後被呼叫，但很遺憾的是在這次的範例中，第一次 render 時就已經出現 TypeError，導致程式中斷，因此若是你在 Hook 裡面加入簡單的 log 或是觀察 network，你會發現 useEffect 裡面的 callback 從未被執行。

 **React 觀念補充**　　**了解 useEffect 的執行時機**

在 React 開發中，useEffect 是處理副作用的重要工具，但它的執行時機並不總是如預期般簡單。在深入理解 useEffect 之前，我們需要掌握其核心特性及運作方式。

useEffect 會在元件完成渲染，並將變更應用到 DOM 之後執行，這意味著 useEffect 內的程式碼並不會在初始渲染時立即觸發，而是會等待瀏覽器完成畫面的繪製後再執行。這種設計確保了畫面的更新不會被阻塞，從而提升應用程式的效能和使用者體驗。

然而，這也帶來了一些開發者需要注意的細節。例如：如果元件在渲染過程中出現錯誤，導致渲染中斷，useEffect 內的邏輯將不會被執行，這是因為 React 在檢測到錯誤時，會立即停止渲染，從而避免進一步的錯誤傳播。

我們先在原本的程式碼中加入短短一行 console.log，便可以確認這件事，而在 Console 中，你會發現我們在 useEffect 中加入的 log 從來沒有被印出過。

```
useEffect(() => {
  console.log("I called") // 這行永遠不會被印出
  fetch("https://jsonplaceholder.typicode.com/users/1")
    .then((response) => response.json())
    .then((data) => setUser(data))
    .catch((error) => console.error("Error fetching data:", error));
}, []);
```

至於為什麼第一次的 render 會失敗呢？這就跟元件中 state 以及 render function 內的寫法有關了，注意看一下我們的 setState method。

```
const [user, setUser] = useState();
```

在這段程式碼中，由於我們沒有為 useState 提供初始值，因此 user 的初始狀態實際上 undefined。當你在 render 函數中試圖讀取 undefined 的屬性時，JavaScript 會拋出 TypeError，因為 undefined 並不具有任何屬性，因此第一次渲染會直接導致錯誤，並中斷後續的渲染流程。

　　了解這個根本原因後，修復這個問題就變得簡單多了。我這邊提供下列幾種常見的處理方法：

✪ 方法一：條件渲染（Conditional Rendering）

　　在渲染之前，先檢查 user 物件是否存在，只有在 user 有值的情況下，才進行渲染。

```
{user && (
  <>
    <div>The user name is {user.name}</div>
    <div>The user age is {user.phone}</div>
  </>
)}
```

✪ 方法二：可選串連（Optional Chaining）

　　如果想要更簡潔的語法，可以使用 ES2020 引入的可選鏈（?.）運算子。不過，由於在 user 載入完成後畫面才會顯示對應資料，因此使用者可能會注意到頁面內容的突然出現。

```
<div>The user name is {user?.name}</div>
<div>The user age is {user?.phone}</div>
```

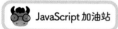 **可選串連**（Optional Chaining）

在日常開發中，我們常常需要處理 undefined 或 null 值，這會導致嘗試訪問這些值的屬性時拋出錯誤。為了簡化這些情況的處理，JavaScript 在 ES2020 中引入了可選串連（Optional Chaining）運算子「?.」。

可選串連讓我們可以安全訪問物件屬性，如果物件或屬性不存在，使用「?.」運算子將會回傳 undefined，而不會拋出錯誤。例如：

```
const user = {};
const zipCode = user.address?.zipCode; // 不會拋出錯誤，回傳 undefined
```

這種方式可以簡化多層級物件的訪問，相較於傳統的多重 && 檢查，使程式碼更易讀。適度使用可選串連，可以讓我們更專注於業務邏輯，並避免這類的錯誤，阻止程式碼執行。

✪ 方法三：適當的初始值

這是一種最直接的解決方案。既然問題的核心在於原本的程式碼試圖讀取 undefined 的屬性，那麼我們可以給 user 一個合理的初始值，例如：一個空物件。這樣的作法能確保在第一次渲染時不會拋出錯誤，邏輯上與方法二相似，但這種方法可以讓畫面在初始渲染時保持穩定。

當然，如果你已經知道 user 物件的結構（schema），也可以使用一個事先定義的常數來作為初始值，這樣可以提高程式碼的可讀性和可維護性。

```
// 從某個定義常數的檔案引入 DEFAULT_USER
const DEFAULT_USER = { name: '', phone: '' };
const [user, setUser] = useState(DEFAULT_USER);
```

以上三種方法都能有效解決這個範例討論到的問題，當然更進階的處理方式通常是引入一些事先寫好的 Spinner 元件，只有在資料確定能呈現時才渲染畫面，藉由這樣的作法來提高使用者體驗，但核心的概念都是相同的。

透過本小節看似簡單的範例，實際上卻揭示了 React 渲染機制與 JavaScript 特性的微妙互動。正如你所見，初始狀態的細節往往會影響整個應用程式的執行，尤其是在處理非同步資料時，這些細節更是不容忽視。隨著我們深入了解這些底層機制，處理這類問題將變得更加得心應手，你會發現其實 React 是有自己一套的合理邏輯，只要了解使用守則，React 開發並沒有許多人想像得這麼複雜。

求職 Q & A

 Danny，我看了你說的那些課程，也了解薪資的部分，我很想要這樣穩定的薪水，但我覺得我好像對寫程式沒有熱情，這樣我是不是不該當工程師啊？

Uhhh…又來了，我不太喜歡把職業跟錢綁得太緊，但事實上很多人都是因為薪水相對優渥，才會動了轉職的念頭，即便在台灣這種軟體工程師相對不受重視的環境，軟體工程師的底薪仍然高過許多職業，坦白講這類的問題很難避免，因此我還是說一說我的看法吧！

先從結論說起：「我不認為你需要熱情，才能成為一個合格的工程師」，雖然我自己很喜歡寫 code，一直以來，我都非常慶幸自己有堅持到轉職成功，作為工程師的每一天，都讓我比以往更開心。不過與此同時，我並不覺得每個人對於工作都一定要有熱情，對自己的工作有熱忱，當然是件好事，但你可以對生活的很多事情有熱情，然後把工作當作生活下去的必須行為而已，你只要具備足夠的能力，並能處理工作上的需求，那麼為了錢而工作，說實在的，我個人覺得這並沒有什麼不對，人總是要吃飯的嘛！

至於你想爬到多高的位置，這完全取決於你的個人目標。如果你希望在職業生涯中不斷進步，沒有熱情來支撐自己持續學習和提升，那麼可能會有些困難。不過，如果你的目標只是追求穩定的生活，那麼當工程師肯定是沒有問題的。記住，人生還有許多有趣的事情，工作不一定要成為你的全部重心。

1.4　元件內 state 有夠多，如何優雅地管理龐大的元件狀態？

在 React 開發中，隨著應用程式的複雜度增加，我們經常會遇到多欄位表單的狀況，當每個欄位都單獨管理 state 時，程式碼容易變得冗長且難以維護。特別是在上一小節中，我們探討了 useState 與 useEffect 的結合使用，並提到以物件作為

state 的初始值來簡化狀態管理的方式。現在我們將繼續延伸這個話題，探討如何在實務中有效管理多欄位表單的 state，並優化我們的程式碼結構。

範例程式碼

URL https://codesandbox.io/p/sandbox/1-4-zu-jian-nei-stated uo-dao-bao-zha-ru-he-you-ya-di-guan-li-pang-da-de-zu- jian-zhuang-tai-fdhc26

---

04 如何避免重複程式碼的產生呢？
(實戰決勝題)

▌題目說明

　　如圖 1-6 所示，這是一個相當簡單的表單，包含「Name」、「Email」和「Age」三個欄位，這些欄位分別由各自的 useState 來管理。在使用者填寫表單後，點擊「Submit」按鈕，所輸入的資料會被提交，並在 Console 中顯示。

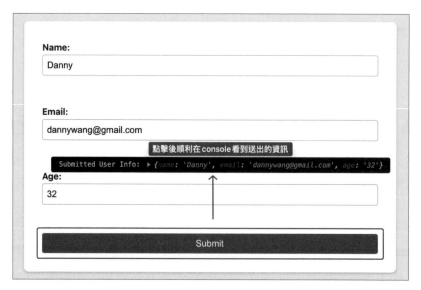

∩ 圖 1-6

　　首先，這份程式碼並沒有任何的錯誤發生，所有的行為也如我們所預期，輸入後點擊送出，可以看到 state 有正確被更新，也可以從 Console 中看到要送出的 payload 並沒有任何不對，不過仔細看一下程式碼的部分，你會發現其中有許多重複的部分，像是下方這段程式碼：

```
const handleNameChange = (e) => {
setName(e.target.value);
};


const handleEmailChange = (e) => {
setEmail(e.target.value);
};


const handleAgeChange = (e) => {
setAge(e.target.value);
};
```

　　這還是只有三個欄位的情況，現實的 userData 往往更為複雜，若是你每個編輯表單都要這樣搞，我相信會有許多很有趣的事情發生，請仔細觀察範例中的程式碼並優化，你的修正必須滿足以下的前提：

1. 能應付更多的欄位以及避免重複程式碼的產生。

2. 你可以去更動 html 的結構，例如：元素的屬性等，但最終在 submit 送出的資料需要相同。

解答與基本說明

　　這次的問題非常常見，尤其是在表單的新增或編輯過程中，像是使用者註冊或偏好設定的更新等。雖然這樣的情況在短期內可能不會造成明顯的問題，你完全不處理也是沒問題的，但隨著表單欄位的不斷增加，程式碼的可讀性和可維護性將會大大降低。

很多人看到這個問題的想法就是先針對 state 下手，畢竟題目都破題跟你說：「元件內有太多 state」，所以直覺自然會想到先用一個更大包的物件來處理。例如：建立一個 userInfo 這樣的 state，同時配合我們上一小節中學到的合理初始值的概念，一口氣管理所有的使用者資訊。

```
const [userInfo, setUserInfo] = useState({ name: '', email: '', age:
'' });
```

這樣的作法在方向上是正確的，但問題在於隨後的 onChange 處理函數。如果每個 input 欄位還是使用單獨的 handler 來處理，例如：

```
const handleNameChange = () => {
  setUserInfo({
    ...userInfo,
    name: 'John'
  });
};

const handleEmailChange = () => {
  setUserInfo({
    ...userInfo,
    email: 'john@example.com'
  });
};

const handleAgeChange = () => {
  setUserInfo({
    ...userInfo,
    age: '30'
  });
};
```

　　實際上，你並沒有真正解決重複程式碼的問題，這樣的方式在欄位增加時，依然需要手動增加新的 handler，這與我們優化程式碼的初衷相悖，因此我建議如果要使用 useState 來處理這類情況，可以考慮統一使用一個 handler 來處理所有欄位的變更，這樣當新增欄位時，我們只需要調整 HTML 結構，而無須更改 JavaScript 邏輯。下方便是一個統一 handler 的範例：

```
const handleChange = (e) => {
  const { name, value } = e.target;
  setUserInfo({
    ...userInfo,
    [name]: value
  });
};
```

　　在這個範例中，我們使用動態鍵值來處理欄位的變更。為了使這個解法生效，我們需要在每個 input 欄位中加入對應的 name 屬性，下方我們以 email 欄位作為示範，我們將目前已經修改後的程式碼配上該欄位，就會變成以下的修正結果：

```
const [userInfo, setUserInfo] = useState({ name: '', email: '', age:
'' });
const handleChange = (e) => {
  const { name, value } = e.target;
  setUserInfo({
    ...userInfo,
    [name]: value
  });
};

// 以 email 欄位為例，其餘欄位也是完全相同的作法
<input
  type="email"
```

```
// 由於現在已經用 userInfo 統一管理，value 使用的值也要跟著修正
value={userInfo.email}
// 在這裡新增 name 屬性
name="email"
onChange={handleChange}
/>
```

 **動態鍵值在 JavaScript 中的應用**

在 JavaScript 中，「動態鍵值」（Dynamic Key）是一個非常強大的技巧，它允許我們在物件中根據變數的值來動態設定或取得屬性。這在處理多欄位表單時尤其有用，因為它能夠減少大量的重複程式碼，並讓我們更靈活管理物件的屬性。

在 ES6 之前，我們如果要根據變數的值來設定物件的屬性，通常會這樣做：

```
const key = "name";
const userInfo = {};
userInfo[key] = "John";
```

然而，ES6 引入了計算屬性名稱（Computed Property Names）的語法糖，使得我們可以直接在物件初始化時使用變數作為鍵值：

```
const key = "name";
const userInfo = { [key]: "John" };
```

這種語法使我們在操作物件時更加靈活，特別是在需要動態生成鍵值的情況下。

這樣的作法大幅減少重複的程式碼，並提高表單欄位管理的靈活性，未來要新增欄位時，會變得更加直覺簡單。

在本小節的範例中，我們探討了如何透過動態鍵值來優化多欄位表單中的 state 管理，減少冗餘程式碼，提升程式碼的靈活性。然而，當資料結構變得更加複

雜，或欄位之間存在依賴關係時，useState 可能不再是最佳選擇。在這類情況下，你可能需要考慮更高級的狀態管理方案，例如：useReducer 或專門的狀態管理庫。這些更進階的技術將在之後的章節中進一步探討，以幫助你解決更具挑戰性的問題。

 求職 Q & A

 Danny，我已經確定想要轉職了，但我聽說還要選擇前端或後端？我自己沒有任何美術天份、沒有美感這種東西，那我是不是直接選後端就好？

 我完全能理解你的感受，其實我自己也沒有什麼美感天份，也不特別熱衷於切版。比起視覺設計，我更喜歡玩弄一些 JavaScript 的邏輯，但即便如此，我最終還是選擇了成為一名前端工程師，並以此作為我踏入工程師職場的第一步。這裡是我當時（2020）做這個選擇的一些原因：

- 前端生態的改變：如今的前端開發不再只是簡單將視覺設計轉化為網頁。隨著各種前端框架的出現，許多邏輯處理已經轉移到前端來完成，它同樣涉及到大量的程式邏輯和資料處理。

- 設計師的角色與前端工程師的分工：在規模較大的團隊中，通常會有專門的設計師來處理視覺美感的問題，你作為前端工程師的主要工作是實現設計師的視覺構想，而不是自行設計，這兩者是截然不同的技能組。

- 快速變化帶來的機遇：前端技術更新的速度非常快，幾乎每兩年就會有大變化，這對於我們這樣的轉職者來說，反而是個優勢。由於這個領域的變化如此迅速，只要你能夠跟上技術的潮流，快速掌握新工具和框架，你就能在這個領域中保持競爭力。

綜上所述，即便我自認為美感能力很低，但我現在還是以前端工程師的身分在職場上打滾，所以不要因為美感這種東西就決定你的職涯方向，何況只要你越往高階的地方走，對於前後端其實都需要有基本概念，一開始好好先選一邊鑽研來進入職場就行了。

1.5　條件渲染怎麼多了個 0 啊？

在 React 開發中，「條件渲染」是不可避免的需求之一，它能根據不同的狀況靈活控制畫面內容的顯示，但看似簡單的條件渲染有時可能會引發一些你意想不到的錯誤。在本小節中，我們要探討一個新手會碰到且實務上不算罕見的錯誤，並深入了解為什麼 React 會這樣渲染出意料之外的結果。

範例程式碼

URL https://codesandbox.io/p/sandbox/1-5-tiao-jian-xuan-r an-zen-mo-duo-liao-ge-0-a-y8625t

---

 如何修復畫面出現多餘東西的問題？

▍題目說明

我們先看一下程式碼，這是一個簡單的條件渲染範例。我們有一個 friends 陣列來展示使用者的朋友列表，當陣列為空時，我們希望渲染出一段訊息告知使用者沒有朋友。我們在這個範例中使用 setTimeout 去模擬資料請求的行為，在資料回傳之前，friends 陣列是空的，直到 setTimeout 裡面的 callback 執行後，才會更新其狀態。

```
export default function App() {
  const {friends, setFriends] = useState([]);
  useEffect(() => {
    // use a timeout to simulate fetch request
    setTimeout(() => {
```

```
      setFriends(DEFAULT_LIST_FOR_DEMO);
    }, 1500);
  }, []);
  return (
    <div className="container">
      {friends.length && (
        <div>
          {friends.map((friend) => (
            <div key={friend.id}>This is your friend, {friend.name}</div>
          ))}
        </div>
      )}
      {!friends.length && <p>I am sorry, you have no friends</p>}
    </div>
  );
}
```

看起來一切都相當合理，我們期望在資料回傳後，畫面會如圖 1-7 所示，渲染出一串你得到的朋友列表。而事實上也的確如此，我們在資料回傳後，確實看到了我們想看的畫面。

This is your friend, Danny
This is your friend, May
This is your friend, Wang

⊙ 圖 1-7

但若是你仔細看畫面，資料回傳前的畫面是這樣的，如圖 1-8 所示。你也可以將程式碼中 setTimeout 的時間拉得更長一些，會更簡單看到圖片中的畫面。

┌───┐
│ ┌───┐ ┌───────────────────────────────────┐   │
│ │ 0 │ │ 在資料返回前畫面上出現了一個詭異的 0 │   │
│ └───┘ └───────────────────────────────────┘   │
│   │
│ I am sorry, you have no friends   │
│   │
└───┘

🎧 圖 1-8

雖然在 friends 陣列為空時，「I am sorry, you have no friends」的訊息確實被展示出來了，但畫面上方卻有一個奇怪的 0，這就完全不是我們想見到的東西，請試著解釋並修復這個問題吧！

▌解答與基本說明

這類的情況往往出現在條件渲染時，尤其是陣列的情況為多。我們在寫 React 程式碼時，經常會將寫 JavaScript 的習慣帶過來，大多數情況都是非常合理的，畢竟底層仍是 JavaScript 嘛！其中一個習慣便是「善用（濫用）JavaScript 的強制轉型機制」，因此很多時候你會看到這樣的條件判斷式：

```
if (arr.length) {
    // do something
}
```

這看似沒什麼問題，但當我們把這樣的思維帶入 React 的條件渲染時，就會引發預期之外的結果。

作者小叮嚀

「強制轉型」一直是 JavaScript 的雙面刃，很要命的是許多人為了省那一點點程式碼就會濫用這樣的機制，讓程式碼看起來簡潔有力，但實際上卻容易讓人誤解。例如：利用 + 運算子強制轉為數字、連接空字串強制轉為字串等，這幾個例子我都曾在許多的專案中看過，至今我仍無法理解為什麼要這樣寫，在我看來可讀性遠比省這一點點程式碼，來得有意義多了。

　　雖然 0、null、undefined 之類的 falsy value 會因為強制轉型的關係，讓條件式如你所想運作，但在渲染時就不完全是這麼一回事了。

　　舉例來說，你在傳統的 HTML 寫了類似這樣的東西，你也不會期待 0 就這樣消失，它還是一個很單純的元素，並不會因為 falsy value，它就不渲染。

```
<h1>0</h1>
```

　　React 在做渲染時也有著相似的機制，React 將 null、undefined 及 false 這類的值視為不需渲染的元素，因此這類的值並不會在畫面上出現，這個小巧思也給了我們彈性，讓我們可以有效率撰寫條件渲染。

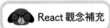 **條件渲染**

在 React 中，「條件渲染」是控制 UI 顯示的基本技巧。理解以下幾個核心概念，能幫助你更好地運用條件渲染：

- 空值的處理：在 React 中，如果渲染邏輯中遇到 null、false 或是 undefined，React 會忽略這些值，不會在 DOM 中插入任何內容，這讓你能夠使用這些值來控制某些部分是否渲染。例如：

```
{isLoggedIn && <p>Welcome back, user!</p>};
```

當 isLoggedIn 為 false 時，這段程式碼將不會渲染任何內容。

- && 運算子的應用：&& 運算子常被用於根據布林值來決定是否渲染某個元素。需要注意的是，如果左側的表達式為 0，React 會直接渲染該值，而不會執行右側的內容。

- 三元運算子（?:）的使用：三元運算子是一個常見的條件渲染方式，特別適合在兩個結果之間進行選擇時使用。例如：

```
{isLoggedIn ? <p>Welcome back, user!</p> : <p>Please log in.</p>};
```

這樣的寫法可以清楚展示不同狀態下的渲染結果。

※ 延伸閱讀：React Conditional Rendering（**URL** https://react.dev/learn/conditional-rendering）。

看懂這些後，我們再回頭來看一下程式碼，我想你就會了解。

```
{friends.length && (
  // some code here
)}
```

在一開始沒有拿到資料時，上方的程式碼與下方的程式碼等價。

```
{0 && (
  // some code here
)}
```

而根據剛才的說明，現在你知道 React 看到這樣的情況，會很開心地直接將 && 運算子左邊的 0 渲染出來，而不會去管你 && 右邊放了什麼玩意，這麼一來，我們就很清楚知道該怎麼解決這個問題了。

在這個情境下，有數種不同的方式可以使用，但原則都是一樣的：「不要用數字當條件渲染的值」，例如：你可以使用以下兩種寫法，都能解決你的問題。

```
// 直接判斷陣列長度，回傳一個布林值
{friends.length > 0 && (
  // some code here
)}
```

```
// 或是直接將其轉為布林值

{!!friends.length && (
  // some code here
)}
```

　　在本小節的範例中，我們介紹了條件渲染中的常見陷阱，尤其是在處理 0 這類我們原本寫 JavaScript 條件時習以為常的 falsy 值時，如何避免意外的渲染結果。當理解 React 在處理條件渲染的一些方法與細節，隨著我們對 React 的理解逐步加深，這些細節將變得越來越重要，讓我們在開發時能夠更從容應對複雜的情境。

求職 Q & A

 Danny，我目前已經開始在某某 bootcamp 上課，不過我總是很擔心自己學得不夠多，你有推薦什麼網路資源讓我做額外的練習嗎？

 很好的問題，網路上的免費 / 付費資源確實相當多，完全到了令人眼花撩亂的地步，一開始會有些難以下手，是很正常的。一般來說，我會推薦幾個免費網站讓初學者去做練習：

- JavaScript30：通常我最先推薦的一定是這個免費課程，一共有 30 個小型專案，影片時間都不算太長，許多專案也做起來相當有趣，這也是我某次鐵人賽主題選擇的靈感來源。

- Codewars：這是一個新手 / 高手都能挑戰的刷題網站。比起 LeetCode，Codewars 的題目更有趣一些，可以藉由解題的過程，增加你對於 JavaScript 的熟練度。

- freeCodeCamp：超級知名的教學網站，在 YouTube 上也有非常多他們頻道的教學影片。每個你想學的主題都會有大量的練習可以做。

一般來說，在初學階段中這樣的資源已經足夠，如果你想要更有系統性一點的學習，可以在 YouTube 上搜尋「JavaScript tutorial」之類的關鍵字，或是在特價時去 Udemy 買個課程來上。真的不用擔心沒有東西可以學，程式的水極深，我唯一的建議是「永遠不要只看影片或文字教學，請一定要動手實作」，不然你可能永遠都脫離不了所謂的「教學影片地獄」（tutorial hell），看再多教學，都比不上你實際動手寫幾行程式碼。

1.6 Rendered more hooks than during the previous render，這又是什麼鬼東西啊？

React Hooks 是一個讓開發者愛恨交織的工具，自從 React 將重心轉至 Hooks 導向的開發後，確實讓學習的成本變低，使更多的開發者能較快上手 React，但同時這玩意仍藏著一些眉眉角角，一不小心就會被咬一口。

當你按照文件中的範例去編寫簡單的應用程式時，或許一切都運作得很順利，但一旦牽涉到稍微複雜的邏輯，你可能就會遇到一些無法預期的錯誤。在本小節中，我們要來看一個非常常見的錯誤，是許多人至今仍會在工作場合上犯的錯誤。

範例程式碼

URL https://codesandbox.io/p/sandbox/1-6-rendered-more- hooks-than-during-the-previous-render-zhe-you-shi-sh i-mo-gui-dong-xi-a-ttptvy

---

06 實戰決勝題　發生不可預期的錯誤時，該怎麼解決呢？

▌題目說明

這個範例模擬了一個應用程式，其中有一段的畫面顯示依賴於使用者的登入狀態，同時我們希望在使用者登入後才去執行資料獲取的操作。在已經知道這是登入後的使用者，原本預期看到的畫面會是如圖 1-9 所示。

使用者已登入

🎧 圖 1-9

然而，當你嘗試執行這段程式碼時，卻發生了如圖 1-10 所示的「Rendered more hooks than during the previous render」的錯誤。

```
←  →  1 of 3 errors on the page                              ×
Error
Rendered more hooks than during the previous render.
```

🎧 圖 1-10

你回頭看了看程式碼，程式碼看起來並沒有太過於明顯的問題，至少你是這麼想的。正如一開始題目描述的，我們希望確定該使用者為登入狀態，我們再去做資料的請求，因此我們將 useEffect 放在條件式中，希望這樣可以避免一些不必要的請求，一切聽起來都很合理，那麼問題究竟在哪裡呢？請試著解釋問題的原因，並提出解決方案吧！

```javascript
export default function App() {
  const [isLoggedIn, setIsLoggedIn] = useState(false);

  useEffect(() => {
    console.log("Checking user authentication status...");
    // 利用 setTimeout 模擬登入的行為
    setTimeout(() => {
      setIsLoggedIn(true);
    }, 1000);
  }, []);
```

```
    // 使用者登入後才執行資料獲取
    if (isLoggedIn) {
      useEffect(() => {
        // 假設這裡是資料獲取邏輯
        console.log("Fetching user data...");
      }, []);
    }

    return (
      <div className="container">
        <h1>使用者{isLoggedIn ? "已登入" : "未登入"}</h1>
      </div>
    );
}
```

▌解答與基本說明

這是實務上相當常見的錯誤之一，最根本的原因在於 React 本身的機制：「React 依賴 Hooks 的執行順序，來確保每個 state 的值在多個 useState 和 useEffect 的使用下仍能保持正確」。因此，每次渲染時，React 期望每個 Hook 都能按照相同的順序執行；如果在某個渲染過程中，Hook 的數量或順序發生了變化，React 將無法正確地處理這些 Hooks，導致出現「Rendered more hooks than during the previous render」的錯誤。

 **React 觀念補充**　　**使用 Hooks 必須遵守的規則**

在 React 中，Hooks 為開發者提供了一種簡潔且強大的方式來管理狀態和副作用，但是為了讓應用程式穩定執行，你必須嚴格遵守以下幾個重要的規則。這些規則並非只是建議，而是 React 在背後依賴的基礎，以確保你的應用程式能夠正確執行。

- 只在最頂層呼叫 Hooks：你必須在 React 函數的最頂層呼叫 Hooks。換句話說，不要將 Hooks 放在迴圈、條件判斷或是巢狀函數中。正如文章中提到的，這樣做的原因在於，React 依賴於每次渲染時 Hooks 呼叫的順序保持一致，違反這條規則會導致 React 無法在不同的渲染中正確追蹤每個 Hooks 的狀態，最終導致你的應用程式出錯。

- 只在 React 函數中使用 Hooks：Hooks 只能在 React 的函數元件或是自定義的 Hooks 中使用，不應該在普通的 JavaScript 函數中使用。這是因為 React 需要掌握 Hooks 呼叫的完整上下文，以便在狀態管理和重新渲染過程中正確處理它們。

了解這個規則後，我想解決這個問題的方法就不言自明了，既然我們只要保證每次渲染時執行的 Hook 數量都保持一致，具體來說，就是不要將 Hook 放在條件式內，而是將條件邏輯放在 Hook 內部。以下是修正後的程式碼：

```jsx
export default function App() {
  const [isLoggedIn, setIsLoggedIn] = useState(false);
  useEffect(() => {
    console.log("Checking user authentication status...");
    setTimeout(() => {
      setIsLoggedIn(true);
    }, 1000);
  }, []);
  useEffect(() => {
    if (isLoggedIn) {
      console.log("Fetching user data...");
    }
  }, [isLoggedIn]); // 利用依賴陣列來控制效果的執行

  return (
    <div className="container">
      <h1>使用者{isLoggedIn ? "已登入" : "未登入"}</h1>
    </div>
```

```
  );
}
```

透過本小節看似簡單的範例，你應該更了解一些 React 在渲染的一些原理，同時理解了使用 React Hooks 需要嚴格遵守的規則，隨著我們探討的例子越來越多，對於 React 開發，想必你會越來越得心應手。

 求職 Q & A

Danny，我終於把課都上完了，現在要開始準備進入求職的階段，很多人跟我説履歷上不用放作品集也沒關係，這是真的嗎？

是，但也不是。我並不是在講幹話，但這種情況因人而異，假設你是第一次找工程師的工作，並且你並不是本科系出身，我強烈建議一定要放作品集，否則你沒有任何方式證明你的能力。

對於履歷上的作品集，我個人認為跟學歷一樣，有一定的參考價值，但主要還是一個敲門磚，當你有實際的相關工作經歷後，是否要放作品集，我就覺得可有可無了。至於你要放什麼作品，則跟你的求職方向有關係。

以 bootcamp 的學生為例，通常我都會建議放一個協作專案、一個全端專案以及一個前 / 後端專案，最後一個部分取決於你要求職的方向，同時儘可能在每個作品中展示你不同面向的能力。舉例來說，若你擺上三個作品，但三個作品都用完全相似的技術打造而成，這麼一來，就有點浪費履歷上的空間，你會希望用最少的履歷空間去做最多的技能展示，重質而不重量，對於身為求職者的你來說會更為有利。

特別要注意的一點是，我個人並不推薦你直接把課程內的作業當作主打的作品之一，因為這樣你的履歷同質性會非常高，你與相同課程出來的同學在履歷上幾乎一致，要脫穎而出自然更為困難一些。花一點時間打造一些獨立的作品，對於你的求職會較有正向的幫助，想要好一點的工作，這種工夫我是建議不要省。

1.7　這個 useState 初始值重新渲染後，怎麼不會更新啊？

從本章開頭以來，我們已經看過數個 state 管理的常見問題，在本小節中，我們再來看一個相關的案例。我們曾在前幾個小節中提過你可以給予適當的初始值，讓頁面順利渲染或方便管理，那麼你有沒有想過當那個初始值是個會因某些條件變動的變數（例如：從父元素傳下來的 prop）呢？這個範例也許看起來毫無問題，但實際上的行為也許會給你一個驚喜，我們馬上開始吧！

範例程式碼

URL https://codesandbox.io/p/sandbox/1-7-ai-zhe-ge-usest atechu-shi-zhi-chong-xin-xuan-ran-hou-zen-mo-bu-hui -geng-xin-a-nzqm93

 沒有依照邏輯更新時，該怎麼解決呢？

題目說明

在這個範例中，我們定義了一個 Input 元件，其初始值應根據來自 App 元件的 mode 不同而有所改變。如果 mode 是 light，那麼 Input 元件的初始值為 50；如果 mode 是 dark，則初始值應為 100。搭配程式碼，會更容易看懂這個問題，程式碼如下：

```
const Input = ({ value }) => {
  const [inputValue, setInputValue] = useState(value || "");
  const handleInputChange = (e) => {
```

```
    setInputValue(e.target.value);
  };
  return <input type="text" value={inputValue} onChange=
{handleInputChange} />;
};

export default function App() {
  const [mode, setMode] = useState("light");
  const handleBtnClick = () => { setMode("dark"); };
  const defaultValue = mode === "light" ? "50" : "100";
  return (
    <div className="container">
      <h1>目前的模式是 {mode}</h1>
      <h2>預設的 input 值應為 {defaultValue}</h2>
      <button onClick={handleBtnClick}>點擊我切換模式 </button>
      <Input value={defaultValue} />
    </div>
  );
}
```

你可以看到 Input 元件接受了一個來自父元件 prop，也就是 value 這個值。在決定 inputValue 時，我們會先檢查是否有收到這個 prop，如果有的話，就用這個值做初始值，反之則給一個空的預設值。而父元件決定要傳入的值，則會根據父元件內的 mode 決定，若現在 mode 是 light，則傳入的 prop 值為 50，反之為 100。畫面上也會根據目前的情況，來顯示現在的模式以及 input 的初始值，如圖 1-11 所示。

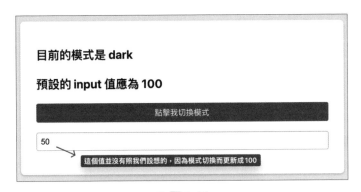

⋂ 圖 1-11

當我們真的點擊按鈕去切換模式後，我們會發現奇怪的情況，模式確實根據按鈕的邏輯切換成 dark，預設的 input 值應該是 100，但在元件中顯示的 Input 值卻仍是 50，如圖 1-12 所示。為什麼會發生這樣的情況呢？又該如何修復這個問題呢？

目前的模式是 dark

預設的 input 值應為 100

⋂ 圖 1-12

解答與基本說明

利用收到的 prop 或是其他變數作為 useState 的初始值，是實務上極為常見的作法，也因此這個錯誤實際上遠比你想像得更為常見。我第一次碰到時，是在工作上要處理一個 popup，但我發現 popup 內的初始值總是沒有正確更新，研究了一下之後，才發現我忽略了很重要的事情，所以我常常拿這個例子分享給其他的工程師朋友，許多人都上了一課。

實際上，問題比想像中單純得多，我們都知道 useState 可以讓你傳入初始值，但許多人不知道的是「這個初始值在第一次渲染後，就不會再變動了」，我們看一下 React 官方文件（ **URL** https://react.dev/reference/react/useState#parameters ）的原文作為參考，請見圖 1-13。

Parameters

- `initialState`: The value you want the state to be initially. It can be a value of any type, but there is a special behavior for functions. This argument is ignored after the initial render.

  - If you pass a function as `initialState`, it will be treated as an *initializer function*. It should be pure, should take no arguments, and should return a value of any type. React will call your initializer function when initializing the component, and store its return value as the initial state. See an example below.

∩ 圖 1-13

根據官方文件的說法，你傳入的初始值在第一次渲染之後就被忽略了，即「除非這個元件被重新掛載（mount），否則你傳入的初始值在第一次 render 後就會固定，並不會因為元件本身重新渲染，就去更新初始值」。了解這一點之後，事情就簡單多了，那麼我們有兩個思路可以走：

✪ 方法一：利用 useEffect 更新初始值

第一招應該算是最常見的解法了，缺點在於它會造成額外的副作用（side-effect），但它確實能解決問題。我們只要在子元件（以這個例子來說，就是 Input 元件）加個 useEffect，讓它能根據傳入的 prop 去變動初始值即可。

```
const Input = ({ value }) => {
  const [inputValue, setInputValue] = useState(value | "");

  useEffect(() => { // 加入這一段
    setInputValue([value])
  }, [value])

  const handleInputChange = (e) => {
```

```
    setInputValue(e.target.value);
  };

  return <input type="text" value={inputValue} onChange=
{handleInputChange} />;
};
```

✪ 方法二：強制元件重新掛載（re-mount）

另一個方法則是強制子元件在不同的渲染中去重新掛載。達成的方法有不少，例如：你可以利用一個 state 去控制，當 state 的值滿足某個條件後，再渲染該子元件，類似這樣：

```
{someState === 'someValue' && <Input/>}
```

或是你很了解 React 是怎麼判斷需不需要重新掛載元件的話，你可以用一個動態的 key，一旦 key 不同，就會被視為不同的元件，React 就不得不重新掛載該元件。以這個範例來說，就是以下的寫法：

```
<Input value={defaultValue} key={defaultValue} />
```

defaultValue 一出現更新，key 就跟著變，那麼自然可以達到我們要的效果。

 作者小叮嚀

這個看似簡單的觀念卻困住了包含我在內的不少工程師，我自己發現原因時覺得很慚愧，畢竟這種明明白白寫在文件上的東西，我卻到那時候才知道。前陣子我在工作場合分享時，還是有人感到驚訝，不管你有多資深或寫了多久，對官方文件還是得好好看，免得為了這種小事，而花大量時間追問題，因小失大。

　　隨著章節的進行，我們基本上已經討論了大多數關於「元件內狀態管理」的問題，這個關於初始值的案例算是其中很經典的一個。畢竟這樣的情境極為常見，但卻不是每個人都會意識到這個問題，直到你碰到因為這個行為所引起的問題，乍看之下很不合理，實際理解原因後，你卻又會覺得好像是理所應當的。這類的感受在你寫 React 時會不斷出現，尤其當你鑽研得越來越深時，這簡直是家常便飯，也難怪 React 一直被視為門檻較高的前端框架之一，需要對它的行為有一定的了解後，你才不會一直浪費時間在一些小問題上。

 求職 Q & A

 Danny，履歷的部分我弄得差不多了，但開始看職缺之後，我發現有很多職缺描述我都不符合，這樣我是否不應該去投遞那些職缺啊？

這也是相當常見的問題，不管是 104 或是 cakeresume 上，工程師職缺的 JD（job description）總是洋洋灑灑一大篇，像是需要兩年以上的工作經驗、要熟悉一大堆工具、LOL 的牌位要鑽石以上之類的。我必須說，如果所有 JD 上的條件都要符合的話，那麼我現在的工程師經歷會是 0，我並沒有在開玩笑，我至今為止的工作經歷，在面試時從來沒有一次是完全滿足當時職缺上要求的 JD。

許多 JD 其實只是 HR 自己寫的東西，講難聽點就是參考用，當然你可以從 JD 中看出你目前可能缺乏什麼技術或工具的熟練度，但只要符合部分的描述就可以試試看，畢竟一旦你的履歷準備好，投遞的成本其實相當低，那麼為什麼要因為一個不怎麼準確的職缺描述，而阻擋你找一份可能適合你的工作呢？

同樣的道理也適用於一些職缺要求的位階，即便上面是寫要 senior 的人選，但實際上 senior 之間的落差很大，人人都想要強大的 senior，不過事實上這很稀缺，因此許多團隊遇到這種情況會退而求其次，選有潛力的 junior 作為替代，因此若是你非常喜愛的公司，那麼就不要被這些東西勸退，勇敢的出擊吧！

1.8　有時候也許 useState 並不夠好？

至今我們已經探討了很多 React 開發中狀態管理的情況，我想你可以理解這個環節一直是一個容易讓人頭疼的問題，尤其隨著我們應用程式的複雜度增加，選擇適當的狀態管理方式，以避免不必要的重新渲染，成為了提高效能的關鍵。在本小節的範例中，我們將透過一個簡單的表單範例，來探討如何避免那些看似無害但實際上可能影響效能的重新渲染次數。

範例程式碼

`URL` https://codesandbox.io/p/sandbox/1-8-you-shi-hou-ye- xu-usestate
bing-bu-gou-hao-zkvg4f

 出現大量重複渲染的問題時，該怎麼解決呢？

▍題目說明

這裡的程式碼相當簡單，在一個簡單的表單裡面，有兩個 input 欄位讓使用者輸入信箱與密碼，最後有個「提交」按鈕在 Console 印出使用者剛才輸入的資訊。

```
export default function App() {
  const [email, setEmail] = useState("");
  const [password, setPassword] = useState("");
  console.log("The whole component re-render");

  const handleSubmit = (e) => {
    e.preventDefault();
```

```
    console.log(`Email: ${email}, Password: ${password}`);
  };


  return (
    <div className="container">
      <form onSubmit={handleSubmit}>
        <label htmlFor="email">Email: </label>
        <input
          id="email"
          type="email"
          value={email}
          onChange={(e) => setEmail(e.target.value)}
        />
        <label htmlFor="password">Password: </label>
        <input
          id="password"
          type="password"
          value={password}
          onChange={(e) => setPassword(e.target.value)}
        />
        <button type="submit">Submit</button>
      </form>
    </div>
  );
}
```

　　實際功能並沒有什麼異常，如圖 1-14 所示。你可以看到最後 Console 確實是有順利印出正確的資料，但我想你也發現了，整個元件在這短短的密碼輸入過程中，卻讓元件渲染了數十次，這又是什麼鬼巫術啊？請你思考一下該怎麼解決這個問題。

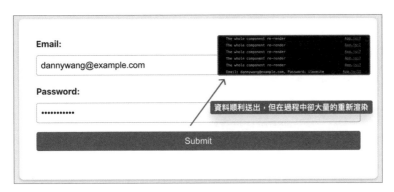

∩ 圖 1-14

▌解答與基本說明

解答之前，我們要先問自己：「為什麼你需要去解決這樣的問題」，畢竟功能本身好好的，不改似乎也行。這麼講也沒錯，至少在這個範例中，它沒有造成太多的問題，何況重新渲染並不是什麼十惡不赦的敵人，它是 React 很重要的一部分，並不是所有的重新渲染都是問題。不過想像一下，萬一你的元件中同時有其他的元件，且這些元件更加複雜，每一次的重新渲染就是額外的大消耗。在這類的情況下，避免太多不必要的重新渲染，就會是你身為工程師應該做的事情。

我們先來複習一下什麼情況會觸發元件的重新渲染，大致上有以下兩種情況：

1. 元件內的狀態（state）或接收到的參數（props）改變。

2. 父元件（parent component）重新渲染。

在這個範例中，我們不存在父元件，因此可以很輕易聯想到要從第一點切入，既然狀態的改變會觸發重新渲染，那麼我們只要用 useState 以外的東西，去儲存使用者輸入的結果就行了。在這種情況下，React 提供的 useRef Hook 就該登場了，一般來說，你會在以下幾種情況中使用 useRef：

1. 當你需要直接操作 DOM 元素，例如：focus 某個 input 元素時。

2. 當你需要在不同 render 中共享某個可變的值（mutable value），且不希望這個值的更新觸發重新渲染時。

 **用 useRef 管理資料**

在 React 中，useRef 是一個經常被忽略、但非常有用的 Hook，它的用途遠不止於避免不必要的重新渲染。useRef 的核心功能是讓我們能在元件的多次渲染之間保留資料，而不會觸發元件的重新渲染。這種特性讓 useRef 在一些特殊用途上成為不可或缺的工具。

- 儲存非視覺狀態的資料：useRef 最常見的應用是儲存 DOM 元素的參考，但它同樣也可以用來儲存非視覺狀態的資料，例如：計數器、計時器的 ID、先前的值等。在這些情境下，這些資料在不同渲染之間是持續存在的，但我們又不希望它們的改變觸發 UI 的更新。

- 避免多次建立新物件：當我們在渲染中使用物件或陣列時，每次渲染都會建立新物件，這可能會觸發不必要的效能問題，尤其是當這些物件被用作依賴或傳遞給子元件時。useRef 可以幫助我們保持這些物件在多次渲染之間不變，以避免效能損耗。

- 追蹤元件的狀態變化：有時我們需要在不重新渲染的情況下，追蹤元件的某些狀態變化，例如：使用者的輸入、滑鼠的座標、滾動的位置等。useRef 可以讓我們輕鬆追蹤這些狀態，而不必擔心引入不必要的重新渲染。

了解這些後，你已經知道我們接著要透過 useRef，去達到避免觸發重新渲染的效果，因此你只要將程式碼做以下的修改，就可以順利完成這個範例的需求囉。

```
export default function App() {
  const emailRef = useRef(""); // 使用 useRef 代替 useState
  const passwordRef = useRef("");
  console.log("The whole component re-render");

  const handleSubmit = (e) => {
    e.preventDefault();
```

```
      console.log(`Email: ${emailRef.current}, Password: ${passwordRef.
current}`);
  };

  return (
    <div className="container">
      <form onSubmit={handleSubmit}>
        <label htmlFor="email">Email: </label>
        <input
          id="email"
          type="email"
          defaultValue={emailRef.current} // 將值的追蹤交給建立的 ref 取代
          onChange={(e) => (emailRef.current = e.target.value)}
        />
        <label htmlFor="password">Password: </label>
        <input
          id="password"
          type="password"
          defaultValue={passwordRef.current}
          onChange={(e) => (passwordRef.current = e.target.value)}
        />
        <button type="submit">Submit</button>
      </form>
    </div>
  );
}
```

在這個範例中，我們透過 useRef 成功避免了不必要的重新渲染，這不僅提高應用程式的效能，也讓我們更加理解 React 中的狀態管理。

在 React 開發中，useRef 是一個常常被忽略但極具價值的工具，它讓我們能在不影響 UI 更新的前提下，持續追蹤並管理資料。隨著你在實際專案中的應用，你會發現 useRef 在優化效能和管理複雜狀態方面大有可為，但同時我們也不能忽略一個重點，並不是所有的重新渲染都應該要被阻止，要再次強調「重新渲染是 React 非常重要的部分」，之後幾個小節的範例會讓你更清楚「重新渲染」的邏輯，好讓你去分辨哪些是需要阻止的重新渲染。

 求職 Q & A

Danny，現在市場好像對 junior 很不友善，我是不是不管怎麼樣先找一家公司進去累積一點實務經驗，比我在這空轉好？

很好的問題，答案是 yes & no。我知道這回答很哭，但畢竟每個人情況不同，我沒辦法說你一定要 / 不要這樣做。舉例來說，若你現在有很大的經濟壓力，現實情況並不允許你花時間找工作，那麼你趕快上岸，自然就變成第一要務；反過來說，若你經濟不是這麼緊張，那麼我認為稍微挑一下公司會是更好的選擇，環境的影響很重要，好的環境能讓你成長得更快。另一方面，在履歷上你也更有東西可寫，對你未來找工作會是很大的助力。

1.9　複雜表單：彼此依賴的 state 管理該怎麼做？

我們終於來到了本章的最後一節。在本章中，我們探討了 React 中狀態管理的各種陷阱與技巧，而這裡我們將聚焦於一個更具挑戰性的問題：「如何在複雜表單中有效管理狀態，並確保使用者體驗的流暢性」，這不僅是對我們之前學習的總結，更是對你應對實際開發場景能力的檢驗。

範例程式碼

 https://codesandbox.io/p/sandbox/1-8-fu-za-biao-dan- bi-ci-yi-lai-
de-stateguan-li-gai-zen-mo-zuo-ytky5g

09 如何在複雜表單中有效管理狀態，並確保使用者體驗
實戰決勝題 的流暢性？

題目說明

在這個範例中，你設計了一個稍微複雜的表單。其中一些欄位是相互依賴的，
例如：「Current Job」欄位填寫後，「Next Job」欄位才會啟用。同時，只有當
「Name」、「Degree」和「Current Job」這些必填欄位都填寫完畢後，「提交」
按鈕才會啟用，如圖 1-15 與 1-16 所示。

Name:

Degree:

Select ⌄

Current Job沒填寫時，Next Job 欄位不會開啟

Current Job:

Next Job:

Submit

🎧 圖 1-15

ᯤ 圖 1-16

為了達成這樣的邏輯，我們在程式碼中下了一些工夫，來達成這樣相互依賴狀態的管理，我們先分別看一下其中幾個相關的部分。首先，在程式碼中，你可以看到有一個完整的 state 去控制表單中的所有欄位，同時我們有個 useEffect 去控制表單是否能提交。

```javascript
function ComplexForm() {
  const [state, setState] = useState({
    personalInfo: { name: "", age: 0 },
    education: { degree: "", isValid: false },
    employment: { currentJob: "", nextJob: "", isValid: false },
    isSubmitEnabled: false,
  });

  useEffect(() => {
    const { personalInfo, education, employment } = state;
    const newIsSubmitEnabled =
      personalInfo.name && education.isValid && employment.isValid;
```

```
    if (state.isSubmitEnabled !== newIsSubmitEnabled) {
      setState((prevState) => ({
        ...prevState,
        isSubmitEnabled: newIsSubmitEnabled,
      }));
    }
  }, [state]);
};
```

每一次 state 變化時，我們都會根據每一個欄位是否都有正確填寫（以這個範例來說，只有檢查是否為空值），來更新控制整個表單是否能提交的變數 isSubmitEnabled。

而每個欄位都會有對應的函數去處理更新，每次接收到新值的時候，我們就利用擴展運算子建立一個新的 state，去取代目前的 state。記得我們提過物件，這樣才能觸發 React 的重新渲染，最後再配合上方的 useEffect，去更新表單的提交狀態。

```
const updatePersonalInfo = (name, age) => {
  setState((prevState) => ({
    ...prevState,
    personalInfo: { name, age },
  }));
};


const updateEducation = (degree, isValid) => {
  setState((prevState) => ({
    ...prevState,
    education: { degree, isValid },
  }));
};
```

```
const updateEmployment = (currentJob, nextJob, isValid) => {
  setState((prevState) => ({
    ...prevState,
    employment: { currentJob, nextJob, isValid },
  }));
};
```

JavaScript 加油站 　　**擴展運算子（Spread Operator）**

擴展運算子「...」是 JavaScript 中一個強大且常用的工具，它能將陣列或物件展開，使得資料的拷貝與合併變得更加簡單，自 ES6 推出以來，就一直在實務開發中被廣泛使用，通常有以下的常見用法：

- 複製與合併陣列或物件

```
const arr1 = [1, 2];
const arr2 = [...arr1, 3]; // [1, 2, 3]
const obj1 = { name: 'Alice' };
const obj2 = { ...obj1, age: 25 }; // { name: 'Alice', age: 25 }
```

- 解構賦值的補充：當你需要提取物件中的部分屬性，並將剩餘屬性放在一個新物件中時，擴展運算子非常有用。

```
const user = { id: 1, name: 'Alice', age: 25, location: 'USA' };
const { id, ...userInfo } = user;
// userInfo 為 { name: 'Alice', age: 25, location: 'USA' }
```

- 陣列轉換：擴展運算子可以將類陣列物件（如 NodeList、Set）或函數的參數物件轉換為真正的陣列，使你能夠利用陣列的所有方法來處理這些數據。

```
// 將 NodeList 轉換為陣列
const nodeList = document.querySelectorAll('div');
const divArray = [...nodeList];
```

```
// 將 Set 轉換為陣列
const mySet = new Set([1, 2, 3]);
const setArray = [...mySet];
// 將函數參數轉換為陣列
function exampleFunction() {
 const args = [...arguments];
 console.log(args);
}
exampleFunction(1, 2, 3); // [1, 2, 3]
```

我們之前有個例子是利用一個大物件做狀態管理，這樣你就不用寫一堆 useState，你也吸取了上次的經驗完成這次的需求，功能上並沒有任何問題，唯一的小小問題就是由於欄位之間有一些依賴關係，在你每次更新 state 的同時，都需要透過一個 useEffect 去檢查是否應該開啟 Next Job 以及「提交」按鈕，在管理上就會稍微困難一些，請觀察完整的程式碼，並試著優化相關的邏輯。

解答與基本說明

這個題目有著不止一種以上的解法，且跟我們上次碰到複雜狀態管理的情境一樣，「完全不要去更動」其實也是一種選擇，畢竟它現階段並沒有真的造成什麼大問題，不過往往這類有相依關係的複雜 state，光靠一個 useState，並配合物件作為初始值，會稍嫌有些吃力。畢竟你每一次的更動都要去考慮相依的值，不但在程式碼上需要額外的處理，最重要的是往往會讓你的程式碼可讀性變低，例如：這個範例中的 useEffect 就會讓人看起來有些許困惑。

一般來說，對於這類的情況，我會建議採用 useReducer，一個特別適用於複雜狀態管理的 Hook，尤其在狀態間有彼此相依的情況出現時。我這邊只會跟你說為什麼我會採用這個解法以及我會怎麼用，具體的教學可以參考官方文件上的說明。上方的程式碼用 useReducer 改寫後會變為這樣，我們先看一下新增的部分。

```javascript
const initialState = {
  personalInfo: { name: '', age: 0 },
  education: { degree: '', isValid: false },
  employment: { currentJob: '', nextJob: '', isValid: false },
  isSubmitEnabled: false,
};

function formReducer(state, action) {
  let updatedState = { ...state };

  switch (action.type) {
    case 'UPDATE_PERSONAL_INFO':
      updatedState.personalInfo = action.payload;
      break;
    case 'UPDATE_EDUCATION':
      updatedState.education = action.payload;
      break;
    case 'UPDATE_EMPLOYMENT':
      updatedState.employment = action.payload;
      break;
    default:
      return state;
  }

  // 每次 state 更新時執行驗證邏輯
  const { personalInfo, education, employment } = updatedState;
  updatedState.isSubmitEnabled = personalInfo.name && education.
isValid && employment.isValid;

  return updatedState;
}
```

　　基本上，我們建立一模一樣的初始 state 值，差別在於我們給予每一個操作對應的 action，讓你的程式碼看起來稍微乾淨一點，同時我們將驗證的邏輯放在每一次的 state 更新中處理，而不是另外讓一個 useEffect 來幫忙，一旦有這樣的結構出現，後續你需要修改或增加新的邏輯處理，往往會方便不少，這麼一來，未來要做維護也會輕鬆一些。配合這樣的程式碼後，在 Complex Form 元件內的程式碼會簡單一些。

```
function ComplexForm() {
  const [state, dispatch] = useReducer(formReducer, initialState);

  const updatePersonalInfo = (name, age) => {
    dispatch({
      type: 'UPDATE_PERSONAL_INFO',
      payload: { name, age },
    });
  };

  const updateEducation = (degree, isValid) => {
    dispatch({
      type: 'UPDATE_EDUCATION',
      payload: { degree, isValid },
    });
  };

  const updateEmployment = (currentJob, nextJob, isValid) => {
    dispatch({
      type: 'UPDATE_EMPLOYMENT',
      payload: { currentJob, nextJob, isValid },
    });
  };
```

```
// 其餘的部分皆相同
}
```

從這個例子可能沒有辦法看出使用 useReducer 帶來的優勢，但當你的應用程式開始變得更複雜，且涉及多個相互依賴的狀態時，useReducer 是一個更好的選擇。相較於單純使用 useState，useReducer 提供一個更結構化的方法來處理多狀態的更新，且由於是所有相關的邏輯集中管理，你不需要在多個 useEffect 或 setState 中分散處理，整體的行為會變得更容易預測與維護。

透過本小節的範例，我們深入探討了如何在 React 中管理彼此依賴的複雜狀態，並比較了使用 useState 和 useReducer 的不同優缺點。雖然 useState 仍然是一個可行的選擇，但隨著應用程式的複雜性增加，使用 useReducer 能讓你的程式碼更為清楚，也更適合進行後續的維護與擴展。

這一章節走來，相信你對於 React 狀態管理有了更深入的理解，希望透過本章的學習，有助於解決日常開發中的問題，也能讓你在面對更為複雜的應用程式時應對自如，打造出高效且穩健的 React 應用。

求職 Q & A

 Danny，我看好幾家我想投的公司了，不過在投遞之前有個自我推薦信（Cover Letter），那是什麼東西啊？我用 104 預設的回覆是不是就可以了？

 目前我也看了不少自我推薦信，要我回答的話，這個問題的答案自然是否定的，如果你真的有心要找工作，絕對不要用任何的預設回覆。自我推薦信這玩意其實一直存在著一些爭議，有一派人馬認為這東西根本不會有人看，因此你也根本不用認真去對待，不過在我看來，求職者能掌握的東西已經夠少了，我會建議我們能做到的事情盡可能做到最好，因此至少對我來說，這玩意與履歷一樣重要，若是自我推薦信不吸引人，HR 很有可能連你的履歷都不會點開。

最理想的情況下，需要針對每個投遞的職缺做客製化，這聽起來是個超級費時的過程，不過仍有一些方法可以讓這個過程簡單一些。通常我會建議求職的朋友先寫一個自我推薦信的模板，內容分成四段，大致上可列為以下幾點：

- 自我介紹，簡單講述過去的學經歷及個人特質。

- 從哪裡得知該職缺、又為何想投遞這個職缺。

- 開發相關的技能、經歷的詳細描述。

- 綜上說明為什麼你是個合適的人選，並留下聯絡方式。

第 1、3 點可以固定不變，你只要針對第 2、4 點做一些客製化微調就好，記住海丟求職網站預設模板的自我推薦信，對你的求職不會有任何幫助，很多時候只要這樣多用心一點點，就可以讓你的機會增加一些。

M·E·M·O

2
CHAPTER

React 中
你可能忽略的副作用

本章將深入探討 useEffect 的常見問題，並透過實際範例揭示如何正確處理資料請求、計時器清理、競態條件等情境。你將學會如何預防和解決這些問題，以確保應用程式在任何情況下都能穩定執行，避免效能瓶頸或瀏覽器崩潰的情況。

❖ 本章學習重點

學習重點	說明
正確使用 useEffect 清理函數，避免記憶體洩漏	學會在 useEffect 中使用 cleanup function，確保計時器和事件監聽器在元件卸載時被正確清理，避免記憶體洩漏和效能問題。
掌握 useEffect 中資料請求的最佳實踐	理解如何避免 useEffect 中的多次 API 請求，並學會處理因依賴陣列配置錯誤而導致的資料異常問題。
避免 useEffect 中的競態條件（Race Condition）	探索如何在非同步資料處理過程中避免競態條件，確保只更新最新的資料，並避免因多個請求導致的資料不一致。
深入了解 useEffect 的執行時機與依賴管理	學會正確配置 useEffect 的依賴陣列，理解空依賴陣列（[ ]）的潛在問題，並掌握依賴管理的正確方式，來防止不必要的重複渲染。
使用 useLayoutEffect 解決 UI 閃爍問題	理解 useEffect 與 useLayoutEffect 的差異，學會在畫面渲染之前，正確處理 DOM 操作，防止 UI 出現閃爍或不一致的情況。
優化 useEffect 的使用，避免不必要的重複渲染	學會如何避免多次渲染問題，並透過簡化邏輯，來減少不必要的 useEffect 使用，進而提升應用程式的效能和可維護性。

在 React 開發中，useEffect 是處理副作用的核心工具之一。「副作用」（Side Effects）指的是任何在元件渲染過程中與 React 狀態管理無關的操作，例如：資料請求、計時器、DOM 操作等。初學者在使用 useEffect 時，常常忽略一些細節，導致應用程式出現效能問題、競態條件（Race Condition），甚至記憶體洩漏等情況。

2.1　怪了，我的頁面怎麼越跑越慢啊？記憶體洩漏是什麼鬼？

在 React 開發中，useEffect 是處理副作用的重要工具之一，然而初學者往往會忽略一些關鍵細節，而導致潛在的效能問題、甚至記憶體洩漏。記憶體洩漏不僅會使應用程式變得緩慢，還可能最終導致瀏覽器崩潰。在本小節中，我們將透過一個簡單的範例來說明如何正確使用 useEffect，避免記憶體洩漏，以確保頁面的穩定性與效能。

範例程式碼

URL https://codesandbox.io/p/sandbox/2-1-guai-liao-wo-de-ye-mian-zen-mo-yue-pao-yue-man-a-ji-yi-ti-xie-lou-shi-shi-mo-gui-q29xlc

---

輸出數量異常增多時，該怎麼解決呢？

▌題目說明

如圖 2-1 所示，這是一個相當簡單的頁面，僅有 Home 和 Timer 兩個頁面進行切換。

Home 頁面沒有任何邏輯處理，而 Timer 頁面則是在進入後開始倒數 10 秒，時間結束後會顯示「Time's up!」，如圖 2-2 所示。表面上看起來一切正常，useEffect 中的回呼函數利用 setInterval 來每秒遞減計時器的值，達到重新渲染的效果，並且在回呼中加入了 console.log 來顯示倒數的情況。

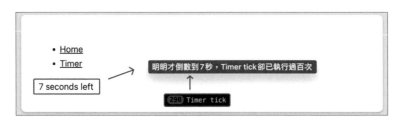

○ 圖 2-2

不過，如果你反覆切換這兩個頁面，你會發現 console.log 的輸出數量異常增多。請參考圖 2-3，這是往返約 20 次的結果。

○ 圖 2-3

如同失控一般，console.log 每秒輸出數十次，想像一下在 useEffect 內如果不僅僅只是個 console.log，而是某個 API 呼叫或是複雜的運算，那麼你應該能夠感受到這個問題的嚴重性了。請觀察以下的程式碼，嘗試解釋問題發生的原因，並提出修復方案。

```
const CountdownTimer = () => {
  const [timeLeft, setTimeLeft] = useState(10);

  useEffect(() => {
    setInterval(() => {
      console.log("Timer tick");
      setTimeLeft((prevTime) => prevTime - 1);
    }, 1000);
  }, []);

  if (timeLeft <= 0) {
    return <div>Time's up!</div>;
  }

  return <div>{timeLeft} seconds left</div>;
};
```

▌解答與基本說明

　　這個錯誤在實務上相當常見，尤其是 React 初學者在使用 useEffect 時，經常忽略了一些細節。useEffect 是由三個部分組成的：「要執行的回呼函數」（callback）、「依賴陣列」（dependency array）和「清理函數」（cleanup function）。實務上，我們習慣直接以英文專有名詞稱呼這三個部分，因此後續的說明也會以英文為主。前兩者相信大家都很熟悉，重點在於「cleanup function」，當元件被卸載或 useEffect 再次執行前，cleanup function 會被執行；而這個題目的問題就在於「缺少 cleanup function」。

每次這個元件被掛載（mount）時，setInterval 都會執行一次。隨著你來回切換頁面的次數增加，元件重新掛載的次數也隨之增加，導致 setInterval 建立了多個計時器，最終造成相同的回呼函數被執行了許多次，最終可能會耗盡瀏覽器的記憶體，導致頁面變慢、甚至崩潰。

了解原因後，解法其實很簡單，只需掛上對應的 cleanup function 即可。以下是修正後的程式碼：

```
useEffect(() => {
  const timer = setInterval(() => {
    console.log("Timer tick");
    setTimeLeft((prevTime) => prevTime - 1);
  }, 1000);
  return () => {
    clearInterval(timer);
  };
}, []);
```

在這個解法中，我們將 setInterval 回傳的 id 用一個 timer 變數存起來，並在每次卸載時清除該計時器。由於這個範例的 dependency array 是空陣列，因此只有在卸載元件時會執行 cleanup function，這樣一來，一切就正常運作了。

 **JavaScript 加油站**　　setTimeout 與 setInterval 的回傳值

在 JavaScript 中，當你呼叫 setTimeout 或 setInterval 時，瀏覽器會回傳一個唯一的 ID，這個 ID 可以用來識別並控制這個計時器。具體來說，你可以利用這個 ID，來取消尚未執行的 setTimeout 或停止持續執行的 setInterval。尤其清除計時器，是計時器運用中的常見需求，當不再需要計時功能或元件將被卸載時，我們可以使用 clearInterval 來停止計時器，以避免不必要的資源消耗或記憶體洩漏。

　　透過本小節的例子，我們複習了組成 useEffect 的三個部分以及 cleanup function 的重要性，這樣短短一行的程式碼也許可以避免一場大災難。這類情況經常發生在使用計時器或各種監聽器的情境中，例如：如果你在元件掛載時，監聽 WebSocket 的訊息來達成即時通訊效果，但沒有在離開元件時正確卸載監聽器，可能會導致許多意想不到的行為，甚至引發大量的記憶體洩漏，最終導致頁面停擺。造成的問題很嚴重，但解法卻非常簡單，對吧？

　　在本章的後續內容中，我們會繼續帶到其他 React Hooks 可能會造成的問題與解決方案，這是不是令人躍躍欲試呢？

 求職 Q & A

 Danny，投遞的部分我已經開始了，目前陸續有收到一些回信或主動聯繫，不過有些公司給我一份作業，要求我在指定時間內完成，這些作業我都需要做嗎？

很好的問題，一般這種東西我們會稱為「前測」，前測有「線上直接做」或是「讓你回家做」兩種，以「讓你帶回去做」居多，這可以再大致分為類似 Leetcode 的題目測驗或是一個小型專案。

先從結論說起：「你並不是每一個前測都需要做」，收到這種前測，我會建議你自己先做個評估，你同時在面試的公司可能有複數個，每個公司都需要耗費你一些心力去準備，如果開作業的這個職缺，你並不是真的這麼感興趣，那麼你自然可以選擇無視。不過，如果你當下真的很閒，那當練習的話，我覺得也是個選擇，畢竟實作是最好的練習，比起一直看教學影片會更有用。

2.2 在 useEffect 中，做簡單的資料請求也會出問題？

在 React 開發中，「使用 useEffect 來進行資料請求」是一個常見的作法，所有的教學都會跟你說這類的邏輯要寫在 useEffect 內，但很多時候你會發現這樣看似再簡單不過的操作，也能引起奇怪的問題。本小節要看的同樣是一個很經典的實務問題，將仰賴你對於 useEffect 的理解，才能順利地解決問題，我們馬上開始吧！

範例程式碼

URL https://codesandbox.io/p/sandbox/2-2-zai-useeffectzhong-zuo-jian-dan-de-zi-liao-qing-qiu-ye-neng-chu-wen-ti-hcjnxt

---

 為何使用者名稱沒有正確顯示？

▎題目說明

如圖 2-4 所示，這同樣是一個相當簡單的頁面，使用者可以輸入一個 User ID，點擊按鈕後，預期顯示該使用者的名稱。然而，當我們執行這段程式碼時，卻遇到兩個問題：

1. 使用者名稱並沒有如預期正確顯示。

2. 明明使用者名稱沒有顯示、使用者資料也不存在，但下方的 div 元素卻仍然被渲染出來。

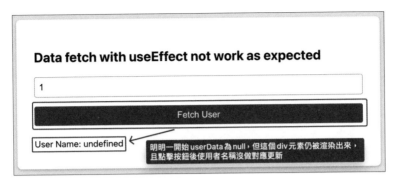

🎧 圖 2-4

我們回頭看看程式碼，userData 明明初始值就是 null，若是請求資料沒有成功的話，那下方的 div 元素根本不應該被渲染出來；但若是請求資料有成功的話，使用者名稱應該也要被正確顯示。突然就來個矛盾大對決，讓你措手不及，請試著觀察程式碼，並解決這個問題。

```
export default function App() {
  const [userId, setUserId] = useState("");
  const [userData, setUserData] = useState(null);

  useEffect(() => {
    fetch(`https://jsonplaceholder.typicode.com/users/${userId}`)
      .then((res) => res.json())
      .then((data) => setUserData(data));
  }, []);

  return (
    <div className="container">
      <input
        type="text"
        placeholder="Enter User ID"
        value={userId}
        onChange={(e) => setUserId(e.target.value)}
```

```
      />
      <button onClick={() => setUserId(userId)}>Fetch User</button>
      {userData && <div>{`User Name: ${userData.name}`}</div>}
    </div>
  );
}
```

解答與基本說明

這次的題目就比較有意思一點，會動用到我們之前談過的幾個觀念。首先，我們需要了解為什麼下方的 div 在 userData.name 為 undefined 的情況下，仍會被渲染出來，條件渲染應該是有值才會渲染。我們先在 setState 的部分加個 log 看看，如此一切就會清楚了：

```
useEffect(() => {
  fetch(`https://jsonplaceholder.typicode.com/users/${userId}`)
    .then((res) => res.json())
    .then((data) => {
      console.log(data); // 加入 log
      setUserData(data);
    });
}, []);
```

接著去觀察 Console 印出來的東西，你會發現有趣的事情，如圖 2-5 所示。

```
▼ Array(10) i                                                              App.js:12
 ▶ 0: {id: 1, name: 'Leanne Graham', username: 'Bret', email: 'Sincere@april.biz', address: {…}, …}
 ▶ 1: {id: 2, name: 'Ervin Howell', username: 'Antonette', email: 'Shanna@melissa.tv', address: {…}, …}
 ▶ 2: {id: 3, name: 'Clementine Bauch', username: 'Samantha', email: 'Nathan@yesenia.net', address: {…}, …}
 ▶ 3: {id: 4, name: 'Patricia Lebsack', username: 'Karianne', email: 'Julianne.OConner@kory.org', address: {…}, …}
 ▶ 4: {id: 5, name: 'Chelsey Dietrich', username: 'Kamren', email: 'Lucio_Hettinger@annie.ca', address: {…}, …}
 ▶ 5: {id: 6, name: 'Mrs. Dennis Schulist', username: 'Leopoldo_Corkery', email: 'Karley_Dach@jasper.info', address:
 ▶ 6: {id: 7, name: 'Kurtis Weissnat', username: 'Elwyn.Skiles', email: 'Telly.Hoeger@billy.biz', address: {…}, …}
 ▶ 7: {id: 8, name: 'Nicholas Runolfsdottir V', username: 'Maxime_Nienow', email: 'Sherwood@rosamond.me', address: {
 ▶ 8: {id: 9, name: 'Glenna Reichert', username: 'Delphine', email: 'Chaim_McDermott@dana.io', address: {…}, …}
 ▶ 9: {id: 10, name: 'Clementina DuBuque', username: 'Moriah.Stanton', email: 'Rey.Padberg@karina.biz', address: {…}
   length: 10
 ▶ [[Prototype]]: Array(0)
```

∩ 圖 2-5

原來是我們一開始請求的 url 因 userId 初始值為空字串，整個請求 url 會變為「https://jsonplaceholder.typicode.com/users/」，這個 API 的預設情況下，會回傳一個長度為 10 的陣列，因此第一次渲染時 userData 其實是一個長度為 10 的陣列，並不是原本的 null 值，滿足了條件渲染，因此 div 會被渲染出來，而你試圖去存取一個陣列的 name 屬性，自然就會得到 undefined。

OK，先解決了一個問題。接著是「為什麼輸入值或是點擊按鈕會無效」，通常這種情況下，你可能會以為 onChange 或 onClick hanlder 出了什麼問題，但若是你去檢查會發現一切正常，setUserId 確實有正確更新 userId 的值，而造成重新渲染，但卻沒有取得正確的資料。

這麼一講，你應該明白問題在哪裡了：「useEffect 根本沒有在點擊後再次去請求資料」，原因在於你的 dependency array 為空陣列，因此它只會在第一次渲染時執行內部的 callback function，後續就完全不理人，直到整個元件再次被掛載時，才會再運作。若是你剛才加入的 log 還留著，你會發現它再也沒有去請求任何資料，最終造成你看到的結果。

理解原因之後，要修復就很簡單了，我們要做到以下兩件事情：

1. 點擊按鈕更新 state 後，要再次讓 useEffect fetch 資料。

2. 在沒有 userId 時，不執行 useEffect 內的 callback function。

修正後的程式碼就跟你想像的一樣簡單，只要稍微做一點點修改，程式碼的行為就跟我們預想的完全相同。

```
useEffect(() => {
  if (!userId) return; // 僅在有 userId 時執行 callback
  fetch(`https://jsonplaceholder.typicode.com/users/${userId}`)
    .then((res) => res.json())
    .then((data) => {
      setUserData(data);
```

```
    });
}, [userId]); // 加入正確的值在 dependency array 中觸發重新呼叫 callback
```

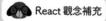 **React 觀念補充　實務上的資料獲取**

在實務中，我們通常不會直接使用 fetch 來進行資料獲取，因為這樣會引入許多潛在問題，例如：重複請求、競態條件、錯誤處理等，因此社群中更常見的作法是使用一些專門的資料獲取庫，如 axios、swr 或是 React Query 等。這些工具提供了更豐富的功能，如自動重試、快取、背景資料同步等，能夠大大提升開發效率與程式碼的可維護性，讓開發者專注在自己的 UI 處理上。

透過本小節的範例，我們不僅理解了 useEffect 在資料獲取時的潛在陷阱，也學會了如何正確設定依賴陣列，以確保應用程式能夠根據狀態的變化進行相應的操作。同時，我們也探討了在實務開發中，使用更為成熟的資料獲取工具（如 axios）來簡化程式碼、提高可靠性的重要性。這些技巧不僅能幫助你解決常見的開發問題，還能讓你在面對更複雜的場景時，游刃有餘地處理資料的動態變化。下次再遇到類似的問題時，希望你能更加從容地應對。

 求職 Q & A

Danny，我順利收到一些面試邀約了，不過他跟我說需要先跟 HR 做 phone screen，這又是什麼玩意啊？

在現在的面試流程中，通常會先由 HR 做第一關的審查，在這個過程中，主要是想了解你的個人特質以及過去的一些經驗，用來判斷這樣的人是否適合他們的團隊，也就是所謂「Culture Fit」測試。過程中，一般較為輕鬆，技術層面的問題會較少或甚至沒有（但如果是一些等級比較高的企業，像是 FAANG 之類的，通常在這一關就會有一些技術的快問快答）。

但千萬不要因為這樣,你就放鬆警惕,這與其他的面試關卡同等、甚至更為重要,許多團隊比起技術更在乎人格特質,一般來說,你需要充分準備好以下的部分:

- 自我介紹。

- 常見問題的回答(主要是履歷上呈現的東西,例如:關於你的經歷、離開上一份工作的原因、為什麼想面試這個職位等)。

- 對於該公司的了解。

- 基本的技術問答,以防萬一。

尤其是自我介紹與常見問題,需要練到對答如流,常見的問題可能一開始會比較沒有概念,但隨著面試的經驗增加,你大概會知道他們想問什麼,其實就是你履歷上的一些延伸,因此履歷上的內容務必老實且充分了解,對我來說,求職的不二法則就是「誠實」,這可能比較天真,但至少我一路面試以來問心無愧,也不用去遮遮掩掩的。

2.3　空的依賴陣列居然讓 Callback 觸發了兩次?

在前面內容中,我們已經對 useEffect 做了很多的說明,包含三個組成的元素以及其基本的特性,這次讓我們來看一個更簡單的 useEffect 相關問題。但先劇透一下,實際上本小節範例中的 useEffect 是完全無辜的,會特別提到它,只是因為幾乎所有相關的提問都是在使用 useEffect 發現這個問題的,我們馬上來看一下吧!

範例程式碼

URL https://codesandbox.io/p/sandbox/2-3-kong-de-yi-lai-zhen-lie-dependency-array-ju-ran-chu-fa-liao-liang-ci-4wrkfz

為何 React 要讓你的 Hooks 在 StrictMode 下執行兩次？

▌題目說明

這次的範例絕對是本書中最短的一個程式碼範例了，我們先看一下程式碼的部分。

```
export default function App() {
  const [effectCount, setEffectCount] = useState(0);

  useEffect(() => {
    setEffectCount((prevCount) => prevCount + 1);
  }, []);

  return (
    <div className="container">
      <h1>useEffect got called {effectCount} times with empty
dependency array</h1>
      <p>The number above indicates how many times useEffect was
called.</p>
    </div>
  );
}
```

頁面中的邏輯非常單純，我們有個變數，其初始值為 0，當畫面渲染後，執行 useEffect 裡面的 callback function，會呼叫函數將這個值更新為 1，最後觸發重新渲染，使我們在畫面上看到「useEffect got called 1 times with empty dependency array」的文字，但實際上的結果卻是看到圖 2-6 的畫面。

useEffect got called 2 times with empty dependency

array 明明 dependency array 是空的，應該只會執行一次，但最終卻顯示共執行了兩次

The number above indicates how many times useEffect was called.

∩ 圖 2-6

請收起你那個困惑的表情，試著解釋這種情況發生的原因，並修復此問題。

解答與基本說明

這個問題經常出現在 StackOverflow 的討論區，尤其是在新專案的開發初期，許多人會注意到這種現象並上網求助，但事實上這段程式碼並沒有任何問題。在目前的開發環境中，useEffect 內的 callback 被呼叫兩次是預期的行為。

先不要急著生氣，也不要急著問候我爹娘，明明我在前面才跟你說過：「當 dependency array 為空陣列時，裡面的 callback 便只會在初次渲染時執行」，且聽我娓娓道來，這個邏輯沒錯，但需要更深入了解 React 的運作機制。

一般來說，當 useEffect 的執行次數異常時，通常會有多種可能原因，例如：父元件重新掛載子元件等，但在這個簡單的範例中，問題的根源並不在程式碼內，而是在 React 的開發環境設定中。請打開專案的 index.js 文件：

```
import { StrictMode } from "react";
import { createRoot } from "react-dom/client";
import App from "./App";

const rootElement = document.getElementById("root");
const root = createRoot(rootElement);
root.render(
  <StrictMode>
```

```
    <App />
  </StrictMode>
);
```

上方的 StrictMode 就是這次的兇手了，在 StrictMode 底下，會讓你的 Hooks 跑兩次，所以只要移除掉 StrictMode 的使用就沒事了，大家可以回家啦！如果真的只寫這樣，我倒不如一頭撞豆腐撞死算了，當然還是要做點基本解釋。

我們要先理解「為什麼 React 要讓你的 Hooks 在 StrictMode 下執行兩次」，一般來說，我們撰寫函數元件時，我們會希望元件跟威士忌一樣，越純（pure）越好，也就是說，我們並不希望自己寫的元件造成一些意料之外的 side effect，像是之前提到的「沒寫 cleanup function 意外造成的記憶體洩漏」，就是一個常見的例子。不過，React 並沒有辦法替你判斷哪些 side effect 是你所預期的，而哪些又不是，因此它用了不同的作法，藉由讓你的 Hooks 多跑幾次，使一些本來不是這麼明顯的 side effect 變得明顯一些，最終由你自己去抓出可能的意外。

而這樣的行為只會在 dev 模式中套用，在正式環境並不會有這樣的行為，因此即便你不做任何處理也不會有問題，但若是你真的覺得這樣的行為很煩人，那麼主動移除掉即可。「StrictMode 是否真的帶給開發者足夠的好處」也是一直以來社群爭論的話題之一，我在這裡並不打算開這個戰場。

總結來說，雖然在 StrictMode 下 useEffect 被執行兩次，可能會讓開發者感到困惑、甚至不便，但這也是 React 為了確保應用程式的穩定性所做的設計考量。了解這些行為後，我們可以利用 StrictMode 提前發現潛在問題，進而提升程式碼品質。最終是否使用 StrictMode，還是取決於團隊的開發習慣，無論你的選擇如何，至少你未來碰到這樣的情況時，就不用再花時間去 debug。

求職 Q & A

 Danny，我與 HR 有安排好之後的面試了。面試前，除了你之前說的基本問題之外，我還能做什麼準備呢？

這也是個很好的問題，一般來說，除了履歷上的作品、個人經歷的相關問題之外，確實有幾個常見的準備方向（假設你跟我一樣是學網路開發的）：

- 練習各種 JavaScript 的面試問題：我之前有提過對於 junior 等級的職缺來說，你會什麼工具、框架都不是這麼重要，但你的 JavaScript 的底子一定要夠深，無論你是走前端還是後端，JavaScript 的問題永遠都是第一個被問到的。網路上已經有相當多的題目讓你練習，你也可以參考我以前寫的系列文「每日挑戰：從 JavaScript 面試題目了解一些你可能忽略的概念」，根據參加過模擬面試的同學的說法，確實有很多其中的題目被考出來。

- 練習 domain knowledge 的問題：並不是指瀏覽器的那個 domain，而是你所面試職位的一些核心知識。例如：你今天要面試前端的職缺，那麼基本的切版知識、瀏覽器運作的原理等，都是你需要知道的；相對的，若是後端的職缺，那麼你對於伺服器的架設、路由的處理或是資料庫的操作等，就必須有基本的理解。

- 多少刷刷題：是的，我知道很多人會跟我爭論刷題的實用性，但這股風潮已經吹向台灣有段時間了。外商就不用說了，很多本土企業也開始用刷題來刷人，這就是現在的遊戲規則，因此你要做好面對白板題的心理準備，尤其是你打算要進入規模較大的公司時。我知道這並不健康，但這確實是一個有效率的刷人方式，我並不怪企業的這種作法。

2.4 useEffect 中的競態條件（Race Condition） 又是怎麼一回事啊？

在上一小節中，我們看了一個似乎是 useEffect 引起的問題，但我們後續有證明它的清白；在本小節中，我們會探討另一個在 useEffect 中進行資料請求的例子。透過這兩個小節的範例，你會更加理解為什麼直接這樣做資料請求，也許不是這麼好的點子。

範例程式碼

URL https://codesandbox.io/p/sandbox/2-4-useeffectzhong-de-jing-
tai-tiao-jian-race-condition-you-shi-zen-mo-yi-hui-shi-a-nywz77

 透過下拉選單更新 userId 時，為何沒有取得正確的資料呢？

▍題目說明

這個例子稍微比較複雜一些。首先，我們有個下拉的選單，讓你去選取你想請求哪個 userId 的資料，當你下好離手後，便會開始獲取需要的資料；資料請求完後，會得到一個 userData，並在下方顯示得到的 userData 中的 name 值，如果最終顯示的名字與發出請求時的 userId 相符，則顯示綠色字體，否則顯示紅色，如圖 2-7 與圖 2-8 所示。

⋒ 圖 2-7

⋒ 圖 2-8

然後，我們回頭看一下程式碼，在請求的過程以及畫面渲染上，我塞了一些邏輯，這個部分可以先暫時忽略，都是為了觸發我接著要描述的情況。

```
export default function UserProfile() {
  const [userId, setUserId] = useState(1);
  const [userData, setUserData] = useState(null);

  useEffect(() => {
    const fetchData = async () => {
      const response = await fetch(
        `https://jsonplaceholder.typicode.com/users/${userId}`
      );
      const result = await response.json();
      await sleep(userId === 1 ? 5000 : userId === 2 ? 3000 : 1000);
      setUserData(result);
    };
    fetchData();
```

```
  }, [userId]);

  const isMatch = userData?.name === expectedUserMapping[userId];
  const symbol = isMatch ? " " : " ";
  const color = isMatch ? "green" : "red";

  return (
    <div className="container">
      <select onChange={(e) => setUserId(e.target.value)} value=
{userId}>
        <option value={1}>User 1</option>
        <option value={2}>User 2</option>
        <option value={3}>User 3</option>
      </select>

      {userData ? (
        <h2
          style={{
            color: color,
          }}
        >{`User Name: ${userData.name} ${symbol}`}</h2>
      ) : (
        "Loading..."
      )}
    </div>
  );
}
```

乍看之下，這份程式碼並沒有什麼大問題，每次點選後並等待一段時間後，最終顯示的名字與 userId 都是有匹配上的。

但若是你按照以下的操作：

1. 重新載入頁面，你應該會看見它正在 loading user1 的資料。

2. 快速點選 user 2。

3. 快速點選 user 3。

你會發現一件很有趣的事情，最終的畫面是停在圖 2-9 呈現的畫面。

∩ 圖 2-9

我明明是選 user3，但最後出來的名字卻是屬於 user1 的，這又是怎麼一回事呢？我們確實記取了之前的教訓，在請求資料的 useEffect 中，考慮到 userId 更新時需要重新請求資料，因此我們在 dependency array 中有塞入 userId，那麼我們每次透過下拉選單更新 userId 時，應該要拿到正確的資料啊？我能理解你的困惑，但請冷靜下來，試著思考這究竟是怎麼一回事。

解答與基本說明

這是一個值得深入探討的問題，實際上這與 React 並沒有直接關聯，主要是因為 JavaScript promise 常見的「競態條件」（Race Condition）。由於在不使用第三方套件的情況下，大家通常會將 fetch 請求放在 useEffect 中，因此這個問題在各大教學中經常作為範例出現。

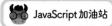 **JavaScript 加油站** 　**什麼是競態條件（Race Condition）？**

在 JavaScript 中，「競態條件」（Race Condition）是一種非同步操作中常見的問題，當多個操作同時進行而沒有正確的順序控制時，可能會導致不一致或不可預測的結果。

競態條件通常發生在以下的情境中，假設你有兩個獨立的非同步操作，例如：兩個 API 請求，這兩個請求的執行順序是不確定的，也就是說，你不能保證哪一個請求會先完成，如果這兩個請求的結果對應用程式的狀態有影響，競態條件就可能導致應用程式的狀態變得不正確。

舉例來說，假設我們有兩個非同步函數：「fetchUserData」和「fetchUserPosts」，這兩個函數同時被呼叫，我們期望 fetchUserData 的結果先出現，但實際情況可能是 fetchUserPosts 先完成，並更新了頁面，最終出現與預期不符的結果。

避免競態條件的常見方法，包括以下幾種：

- 順序控制：使用 async/await 或 Promise 的鏈式處理，明確控制非同步操作的執行順序。

```
async function fetchDataInSequence() {
 await fetchUserData();
 await fetchUserPosts();
}
fetchDataInSequence();
```

- 競爭控制：當你需要發起多個非同步請求，但只關注其中最快完成的結果時，可以使用 Promise.race 來處理。

```
async function fetchFastestData() {
 const fastestResult = await Promise.race([fetchUserData(),
fetchUserPosts()]);
 console.log('Fastest Result:', fastestResult);
}
fetchFastestData();
```

由於小節標題破梗的關係，你已經知道今天的問題是「競態條件」，那麼只要針對這一點下手即可。我們希望當切換 userId 來發出新請求的同時，在重新渲染之前，阻止前一個請求去更新我們的 userData 狀態。這正是我們之前提過的 cleanup function 該出手的時機，主要有兩種解決方法：

✪ 方法一：主動建立變數控制

這個方法相對直觀一些，我們建立一個叫做「isCancelled」的變數作為指標，來決定發出的請求是否要更動最終的狀態。若是在請求完成前，我們就重新渲染，便利用 cleanup function 將 isCancelled 設為 true，這麼一來，在之前的請求完成後，就不會更新 state，只有最後一個發出的請求會去更新 state。

```
useEffect(() => {
  let isCancelled = false;

  const fetchData = async () => {
    const response = await fetch(
      `https://jsonplaceholder.typicode.com/users/${userId}`
    );
    const result = await response.json();
    await sleep(userId === 1 ? 7000 : userId === 2 ? 3000 : 1000);

    if (!isCancelled) {
      setUserData(result);
    }
  };

  fetchData();

  return () => {
    isCancelled = true;
  };
}, [userId]);
```

⊕ 方法二：善用 AbortController

　　這個方法理論上是更為理想的，原因在於我們並不只是阻止 update state 的行為，而是連不必要的請求也一併取消了，AbortController 可以建立一個實體，並利用 signal 去追蹤目前 fetch 或是 dom 操作這類的非同步行為，給予你在必要的時候終止操作的選項。下方是一個基本的範例，不過由於範例中用的 api 請求極為快速，為了讓它有機會去取消 request，你必須在瀏覽器動點手腳，我建議將瀏覽器請求限制為 slow 3G 來看最終的效果。

 快速理解 AbortController 的核心概念與基本用法

在現代的 JavaScript 開發中，AbortController 是一個強大的工具，用來控制和取消非同步操作，例如：fetch 請求。當我們進行資料請求時，常常會遇到這樣的情境：使用者可能快速多次切換操作，導致多個請求幾乎同時發出，而我們只希望保留最新的那個請求。這時，AbortController 就派上用場了。

核心概念：

- AbortController：用於建立可以中止一個或多個非同步操作的控制器。

- AbortSignal：由 AbortController 生成，用於中止操作（如 fetch）等非同步行為。

基本用法：

```javascript
const controller = new AbortController();
const signal = controller.signal;

fetch('https://api.example.com/data', { signal })
  .then(response => response.json())
  .then(data => console.log(data))
  .catch(err => {
    if (err.name === 'AbortError') {
      console.log('Fetch aborted');
    } else {
      console.error('Fetch error:', err);
```

```
  }
});
```

```
// 在需要時取消請求
controller.abort();
```

我們先看一下程式碼的部分：

```
useEffect(() => {
  // 建立一個 abortController 實體
  const abortController = new AbortController();

  const fetchData = async () => {
    try {
      // 在請求時將建立的實體與請求配對上
      const response = await fetch(`https://jsonplaceholder.typicode.
com/users/${userId}`, { signal: abortController.signal });
      const result = await response.json();
      await sleep(userId === 1 ? 7000 : userId === 2 ? 3000 : 1000);
      setUserData(result);
    } catch (error) {
      if (error.name !== 'AbortError') {
        console.error('Fetch error:', error);
      }
    }
  };

  fetchData();

  return () => {
    // 重新呼叫 callabck 時中止取消正在進行中的請求
    abortController.abort();
```

```
    };
  }, [userId]);
```

大致上，結構與上一個解法很接近，我們同樣依賴 cleanup function 去替我們處理這個問題，差別在於我們是直接阻止請求的送出，如圖 2-10 所示。

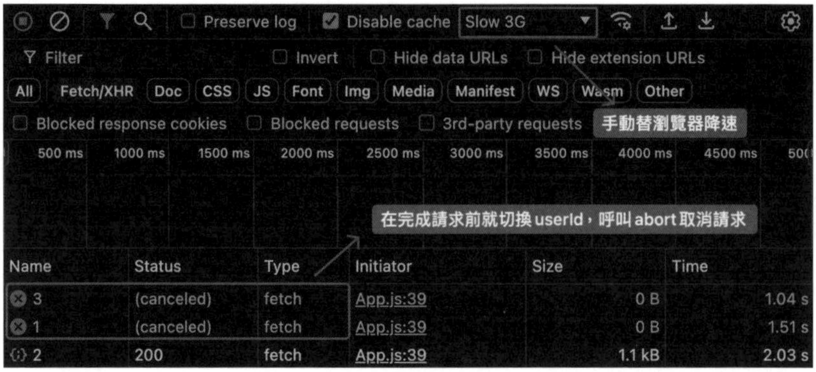

圖 2-10

當每次 userId 變動時，cleanup function 會先執行，並終止還未完成的請求，接著 useEffect 中的 callback 才會再次發出新的請求，這麼一來，就可以避免資料因為競態條件造成的非預期行為。

✪ 方法三：不要自己在 useEffect 中 fetch 資料

我這可不是講幹話或真的掰不出來第三種解法，有不少團隊在實務上是將這樣的資料請求利用第三方套件完全抽離的。之前提到的 swr 或是 react-query 都是常見的選擇，讓套件替你去處理這類的競態條件以及相關的優化，像是 cache 便是一個很好的例子，可以進一步避免不必要的資料請求。

這個範例也許在你看來有點太複雜，但實務上的情況往往更加混亂一些，如果真的覺得有點迷惑，至少要記得「為什麼實務上會推薦透過第三方套件去處理資料請求這件事情」，畢竟光是一個競態條件，你就要包不少邏輯去處理，更何況進一步的優化，很多時候我們寧願將時間專注在自己專案中的商業邏輯上。當然，文章中提到的其他解法其實也是能有效解決問題，且經常在實務中使用，多方了解各種選項，並做出適合你們團隊的決定，才會是長久之計。

 求職 Q & A

 Danny，我看了你之前説的面試準備，其中有提到刷題的部分，但我是要面試前端工程師，前端工程師的面試也會遇到白板題嗎？工作也會需要用到演算法或 linked-list 之類的資料結構嗎？

很遺憾，若你的目標是較為有規模的公司，白板題基本是你逃不掉的東西。舉例來説，我當時從 bootcamp 出來沒多久去面試一個初階職位，我一共跑了以下的關卡：

- HR phone screen：以 30 分鐘的對談來了解基本資料。

- 線上前測：40 分鐘的時間內，給你解兩個基礎程式問題（二分搜尋與七進位）。

- 第一關技術面試：1 小時的時間內，與兩位技術官討論兩題白板題（Graph 與動態規劃）。

- 第二關技術面試：1 小時的時間內，與前端技術主管討論系統設計與過往專案問題。

- 第三關技術面試：1 小時的時間內，與團隊技術主管討論演算法、資料結構與網站最佳化問題。

- 最後一關：30 分鐘的時間內，與新加坡區經理面試，了解人格特質與團隊情況。

你沒有看錯，即便這是初階前端的面試，也涵蓋了許多演算法與資料結構的問題，因此你會需要對於 Big O 有最最最基本的了解，同時需要刷一下 Leetcode 去培養一些解題的技巧。雖然以前端或初階的職位來説，在工作中幾乎不會用到這樣的玩意也是事實。

部分的工程師面試生態確實不是這麼健康，面試造火箭、工作擰螺絲已經是個很遺憾的常態，但白板題確實是有效加速篩選流程的方法。好消息是很多時候你的程式碼不需要會動，我當時在面試中的程式碼基本上也不能跑，你只要能證明你能一步步拆解邏輯，並解決問題就好了。為此你需要一些提問的技巧，例如：確實釐清問題、確認極端條件與輸出結果等，這樣的過程不但能協助你整理思緒，同時也能讓你有足夠的時間思考。不要因為題目太難就直接放棄，通常你可以從面試官那邊得到一些引導或是協助。

2.5 這種情況用 useEffect 就對了……吧？

在 React 開發中，useEffect 是處理副作用（side effects）必不可少的工具之一，許多資料獲取、訂閱管理等功能都依賴於它。但經過這幾個小節的折磨，想必你也發現了 useEffect 的使用容易產生意想不到的問題，在不清楚細節的情況下，使用它有時候反而成為麻煩的來源。上一小節的例子稍微複雜些，這次我們輕鬆一點，在本小節中我們將透過另一個簡單但實務導向的例子，來探討如何正確使用 useEffect。

範例程式碼

URL https://codesandbox.io/p/sandbox/2-5-zhe-zhong-qing-kuang-yong-useeffectjiu-dui-liao-ba-swsmps

---

元件會渲染幾次？為什麼會這樣？是否可避免這樣的情況？

▍題目說明

如圖 2-11 所示，本小節的例子並沒有出現什麼異常，打開頁面並經過極為短暫的 Loading 畫面後，我們順利透過了 useEffect 抓取資料，之後我們再透過另一個

useEffect 在使用者資料變化時去顯示完整的地址，一切都如我們預期的運作，又是和平的一天。

Leanne Graham

Full Address: Kulas Light, Apt. 556, Gwenborough, 92998-3874

🎧 圖 2-11

　　如果只是這樣，我也就沒必要把這個例子拿出來講了。我們換個方式玩玩看吧！請觀察以下的程式碼，並試著猜測「整個元件會渲染幾次」、「為什麼會這樣」以及「是否可以避免」。

```
export default App = () => {
  const [user, setUser] = useState(null);
  const [fullAddress, setFullAddress] = useState(null);

  useEffect(() => {
    const fetchData = async () => {
      const response = await fetch(
        "https://jsonplaceholder.typicode.com/users/1"
      );
      const data = await response.json();
      setUser(data);
    };
    fetchData();
  }, []);

  useEffect(() => {
    if (user) {
      setFullAddress(
```

```
        `${user.address.street}, ${user.address.suite}, ${user.
address.city}, ${user.address.zipcode}`
      );
    }
  }, [user]);

  return (
    <div className="container">
      <h2>{user ? user.name : "Loading..."}</h2>
      {fullAddress && <p>Full Address: {fullAddress}</p>}
    </div>
  );
};
```

▋解答與基本說明

✪ 元件會渲染幾次？為什麼會這樣？

動漫要一集一集看，問題也要一個一個回答，我們先回答最簡單的問題：「究竟這個元件最終會渲染幾次？」作為 useEffect 以及 React 渲染高手的你，想必已經知道元件內 state 的變化會觸發重新渲染，很明顯該元件一共會渲染三次。

現在的你應該已經有辦法說明整個流程了。首先是「初始渲染」，在這個階段中，元件會進行第一次渲染，此時 user 狀態為 null，fullAddress 也尚未計算，因此畫面上會顯示「Loading...」，此時渲染次數為 1。

接下來是「第二次渲染」，這是由於第一次渲染後，useEffect 中的 fetchData 函數被觸發，成功獲取到使用者資料，並更新了 user 狀態。由於 user 狀態變更，React 會觸發第二次渲染，此時畫面會顯示使用者的名稱，不過這時 fullAddress 仍未設定，因為第二個 useEffect 尚未執行，此時渲染次數為 2。

　　最後是「第三次渲染」，當 user 被成功更新後，第二個 useEffect 偵測到 user 狀態的變化，開始執行設定 fullAddress 的操作。這個操作完成後，fullAddress 被設定，觸發第三次渲染，最終變成你看到的畫面，總渲染次數為 3。

　　不過口說無憑，我說：「總共渲染三次」，你肯定不相信，這時就要拿出我們之前用過的 useRef 朋友出來串個場了，我們要利用「ref 更新不會觸發重新渲染」這一點，替我們統計究竟完成了幾次渲染。我們來看一下加入渲染統計的程式碼：

```
export default App = () => {
  const [user, setUser] = useState(null);
  const [fullAddress, setFullAddress] = useState(null);
  const renderCount = useRef(0); // 使用 useRef 來追蹤渲染次數

  useEffect(() => {
    const fetchData = async () => {
      const response = await fetch(
        "https://jsonplaceholder.typicode.com/users/1"
      );
      const data = await response.json();
      setUser(data);
    };
    fetchData();
  }, []);

  useEffect(() => {
    if (user) {
      setFullAddress(
        `${user.address.street}, ${user.address.suite}, ${user.address.city}, ${user.address.zipcode}`
      );
    }
  }, [user]);
```

```
renderCount.current += 1; // 每次渲染時更新 renderCount

return (
  <div className="container">
    <h1>{user ? user.name : "Loading..."}</h1>
    {fullAddress && <p>Full Address: {fullAddress}</p>}
    <p>Component rendered {renderCount.current} times.</p>
  </div>
);
};
```

最終的結果如圖 2-12 所示，元件確實一共渲染了三次。

Leanne Graham

Full Address: Kulas Light, Apt. 556, Gwenborough, 92998-3874

Component rendered 3 times.

⋒ 圖 2-12

✪ 是否能避免這樣的情況？

接著我們來回答比較麻煩的問題：「是否能避免這樣的情況」。首先，你自然要釐清所謂「這樣的情況」是什麼意思，如果你是指「多次渲染」的事情，那麼很遺憾這不可能被達成，除非你在第一次渲染就完成了所有事情，但是照目前的邏輯，state 一定會被改變，而觸發重新渲染。這並不是世界末日，「重新渲染」是 React 很重要的一部分。

以這個題目來說，這是必然的行為，但你仍然有辦法讓這份程式碼變得更好一些，那就是「不要使用不必要的 useEffect」。我們之前有提過每一次的渲染都會有自己新的 state、函數與變數，因此你並不需要去看 user 是否有改變，才能渲染出正確的完整地址，你大可以宣告一個變數或函數即可，下方是其中一種作法：

```
export default App = () => {
  const [user, setUser] = useState(null);

  useEffect(() => {
    const fetchData = async () => {
      const response = await fetch("https://api.example.com/user/1");
      const data = await response.json();
      setUser(data);
    };
    fetchData();
  }, []);

  const getFullAddress = (address) => {
    return `${address.street}, ${address.suite}, ${address.city},
${address.zipcode}`;
  };
  // 直接宣告一個變數來處理就行了
  const fullAddress = user ? getFullAddress(user.address) : null;

  return (
    <div>
      <h1>{user ? user.name : "Loading..."}</h1>
      {fullAddress && <p>Full Address: {fullAddress}</p>}
    </div>
  );
};
```

在修改後的版本中，我們直接宣告了一個 fullAddress 的變數，來儲存目前使用者的地址，透過這樣的方式，我們可以略過原本作法中會產生的第三次渲染，同時讓程式碼更為精簡好讀。

React 雖然提供了很多方便的 Hook 讓我們使用，但我先聲明一下，我覺得 useEffect 爛透了，它造成的問題絕對不比它解決的問題少。透過本小節的例子，相信你了解到很多時候你並不需要那些 Hook 也能達成你要的效果，希望這個例子能給你一點啟發，說不定你的程式碼中已經默默藏了很多不必要的 useEffect 使用。

 求職 Q & A

 Danny，你常說對於面試 junior 等級職缺的求職者來說，框架與工具都不重要，基礎要打好，那 junior 等級的工程師到底需要具備什麼能力呢？

 這可就是大哉問了，我並不認為我已經夠格回答這個問題，不過我還是可以跟你分享一下我的看法。

對我來說，我期待你對於基本三元素（HTML / CSS / JavaScript）有基本的理解；對於前端的部分，我會期待你了解常見切版的實作；而後端的部分，則是期待你對於路由設計與資料庫操作等常見的後端開發，嘗試有基本的了解，也會希望你對於演算法與資料結構不是一張白紙；最後則是不管你是前後端，JavaScript 的精熟是必不可少的，至少對我來說是這樣的。只要你一個語言學熟了，那我自然會認為你學習其他的語言也不是什麼大問題；以我個人來看，JavaScript 的高熟練度，遠比你會用一些工具來得重要。

技術面的話，大概就這樣了，接著我會看一下一些軟實力的項目，像是溝通與表達、邏輯思考之類的能力，隨著提問的深入，這點在面試中要看出來真的太容易了，技術能力畢竟只是工程師的一小部分，實務上很多時間更考驗溝通之類的軟實力，因此我會期待受測者有清楚的思辨能力，並能在碰到困難時妥善溝通。

2.6　用 useEffect 處理事件，卻讓畫面抖了一下？

大家應該都有過這樣的經驗：「當你開發 React 頁面時，某些小細節可能不會立刻顯現出來，直到真正上線或是測試時才發現問題」。我們來探討一個看似簡單、卻可能在實務中讓人頭疼的問題：「UI 閃爍」（flicker）。

在這個範例中，你會看到當我們嘗試使用 useEffect 來處理捲動效果時，畫面出現了令人不快的閃爍現象，這個問題雖然不常見，但當你碰上了，往往會讓你一時摸不著頭緒，並在內心問候它爹娘。實際上，跟所有我們目前討論過的 React 問題一樣，背後還是有一套支持它的理論，我們一起來看看這次又是什麼毛病吧！

範例程式碼

URL https://codesandbox.io/p/sandbox/2-6-yong-useeffectchu-li-shi-jian-que-rang-hua-mian-dou-liao-yi-xia-rcs5ys

---

 造成 UI 閃爍的原因是什麼？

▌題目說明

我們碰到一個蠻有趣的情況，你先向後端那邊請求了一長串的資料，但由於某些商業需求，你需要在使用者開啟頁面時，直接從最新的資料看起，因此他們希望你一開始就捲動到最底下，這類需求的最常見情況莫過於聊天室訊息的場景了，你總是希望使用者能從最新的對話開始看起。我們先看看圖 2-13 的畫面，當畫面渲染後一會兒，確實順利捲動到最底下，你很明顯有達到指定的需求。

deserunt est

excepturi sunt cum a et rerum quo voluptatibus quia

et necessitatibus tempora ipsum quaerat inventore est quasi quidem ea repudiandae laborum omnis ab reprehenderit ut ratione sit numquam culpa a rem atque aut et

ex eaque eum natus

畫面確實已經捲動到最下方

perspiciatis quis doloremque veniam nisi eos velit sed id totam inventore voluptatem laborum et eveniet aut aut aut maxime quia temporibus ut omnis

🎧 圖 2-13

　　但中間有個很明顯的閃爍（flicker），如圖 2-14 所示。你仔細看一下，會發現在得到資料並開始渲染的那一瞬間，捲動軸確實還是停在畫面最上方的，接著根據我們寫的邏輯，瞬間將畫面捲動到最下方，最終造成了我們看到的閃爍結果。

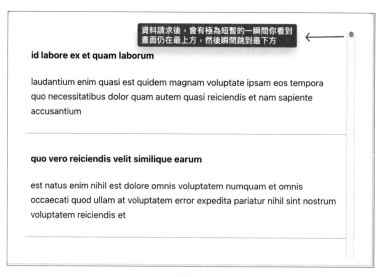

🎧 圖 2-14

　　我們看一下程式碼是不是有什麼誤區，但看不太出來什麼所以然，程式碼中的
邏輯看起來相當單純。

```
export default App = () => {
  const [comments, setComments] = useState([]);
  const containerRef = useRef(null);

  useEffect(() => {
    fetch("https://jsonplaceholder.typicode.com/comments")
      .then((res) => res.json())
      .then((data) => {
        setTimeout(() => setComments(data), 2000);
      });
  }, []);

  useEffect(() => {
    if (containerRef.current) {
      containerRef.current.scrollTop = containerRef.current.scrollHeight;
    }
  }, [comments]);

  return (
    <div className="container">
      <div ref={containerRef} style={{ height: "400px", overflowY:
"scroll" }}>
        {comments.map((comment) => (
          <div
            key={comment.id}
            style={{ padding: "10px", borderBottom: "1px solid #ccc" }}
          >
            <h4>{comment.name}</h4>
            <p>{comment.body}</p>
          </div>
        ))}
```

```
      </div>
    </div>
  );
};
```

首先，我們使用 useState 來管理評論的狀態，useRef 則是用來抓取容器的 DOM 元素，方便我們後續做出捲動的效果。程式碼在第一個 useEffect 中發出 API 請求，並模擬了一個延遲的資料回應，這是為了模擬大型資料或複雜 DOM 操作帶來的渲染延遲。資料成功獲取後，更新 comments 的狀態，接著觸發第二個 useEffect，在資料更新後，自動捲動到容器的最下方。請試著在滿足下列條件的同時，試著解決這個問題：

1. 請勿刪除 setTimeout 2000ms 的程式碼，這是用來模擬大型元件或是複雜的 DOM 操作造成渲染費時的情況。

2. 請勿更改任何 CSS，改為 smooth 雖然是一種解法，但並不滿足這次題目的要求。

▎解答與基本說明

這個題目很微妙，說難也不難、說很罕見卻也不是這麼罕見，現代開發中遇到這種需要在畫面渲染後再執行某些邏輯的情況，其實已經相對少了，但我很不巧在實務中遇到數次這樣的情況。我們要先了解這個元件到底發生什麼事情？為什麼會有這樣的行為？

 作者小叮嚀

我第一次碰到這個情況是當時我們團隊想在自己的遊戲直播平台中建立一個類 Discord 的社群聊天系統，希望可以藉此增加使用者的黏著度，短短三週的時間，我們動員了數十名工程師才好不容易弄出個 MVP，過程中我不斷地意識到 Discord 這樣每天都在用的東西，實際上要逆向工程有多麼複雜與困難，在那之後我在使用 Discord 時，就充滿了敬意，另外還有一點 PTSD。

我們再次復習一下元件內的邏輯：

1. 第一個 useEffect 發出 API 請求。

2. setTimeout 模擬了大型元件或複雜的 DOM 操作所造成的渲染延遲。

3. 當 comments 狀態更新時，第二個 useEffect 嘗試將捲動軸移動到底部，但此時畫面已經被繪製，因此導致了閃爍。

　　再次強調，2 秒的延遲僅是一種模擬，這個範例比較麻煩的地方在於，它需要很大的渲染成本才能看出問題，否則低成本的渲染行為會在一瞬間完成，你甚至沒有辦法看到這個問題發生。

　　了解以上的流程後，你會發現這完全就是預期中的行為，useEffect 會在渲染階段後執行，既然這樣，你先看到完整畫面，才去執行捲動，自然就是合理的。但我們要做的是「在 DOM 操作後，才讓使用者看到完成的畫面」，這個範例會再次涉及到 React 的渲染邏輯，我們一直再三強調「useEffect 會在畫面渲染後執行」，因此這個需求很明顯不是 useEffect 能做到的事情，就像我們剛才講過的，useEffect 執行的時間點是在你已經看到畫面之後。

　　針對這樣的情況，React 提供了 useLayoutEffect 來應對這類需求。useLayoutEffect 與 useEffect 的主要區別在於執行的時間點：「useLayoutEffect 會在瀏覽器實際繪製（paint）畫面前執行」，因此可以用來確保任何 DOM 操作在畫面繪製之前完成，這就是解決這個問題的關鍵。

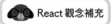 React 觀念補充　　useEffect 與 useLayoutEffect 的區別與使用時機

在 React 中，useEffect 和 useLayoutEffect 是兩個常用的 Hook，它們看似相似，但實際上有著關鍵的不同點。這兩個 Hook 都會在元件渲染後執行，但執行的時間點不同，這一點在某些情況下會帶來顯著的影響。

- useEffect：會在瀏覽器完成畫面繪製（paint）之後執行，這使得它非常適合處理不會直接影響 UI 顯示的副作用，例如：資料請求、事件監聽器的註冊等。由於 useEffect 是在畫面已經呈現給使用者後才執行，所以它不能用來處理必須在畫面顯示前完成的 UI 更新。

- useLayoutEffect：會在 React 完成 DOM 變更之後、瀏覽器繪製畫面之前執行，這個特性使得 useLayoutEffect 特別適合用來處理會立即影響 UI 顯示的 DOM 操作，例如：測量元素尺寸，並根據結果調整 UI 佈局等。由於它會阻塞瀏覽器的畫面繪製，因此應避免在這裡執行費時的操作，以免影響網站的效能表現。

這兩者的執行順序差異是非常重要的，useEffect 適合用來處理副作用，useLayoutEffect 則適合用來同步進行 DOM 變更，使得 UI 在畫面繪製之前，就達到所需的狀態。

知道問題核心與解法關鍵字後，剩下的內容其實就很簡單了。我們只要使用 useLayoutEffect 取代原本那個執行畫面捲動的 useEffect 即可，也就是將第二個 useEffect 修改為這樣，問題就可以順利解決；當使用者看到畫面時，已經是捲動完畢的狀態了。

```
useLayoutEffect(() => {
  if (containerRef.current) {
    containerRef.current.scrollTop = containerRef.current.scrollHeight;
  }
}, [comments]);
```

在本小節中，我們看到了一個相當有趣的例子，並再次點出一些 React 渲染時的機制，這個 Hook 我想大家或多或少都有聽過，但實際有使用的絕對是少之又少。99% 的情況你都不需要用到這玩意，絕大多數情境只需要 useEffect，而非出動 useLayoutEffect，但如果你真的知道自己在做什麼，也確實了解需要處理的情境，那這玩意確實有它適用的地方。

求職 Q & A

 Danny，我目前已經跑了幾個面試了，但後續都完全沒有消息，我該怎麼辦？

很好的問題，有些人會在收到拒絕或無聲卡後感到沮喪或是不安，你當然可以有這樣的情緒，我認為這很正常，不過很多時候這樣的結果並不是你能力不足所造成的，可能對方想找的就是一個只會泡茶的工程師，而剛好你會的不只泡茶而已。

這麼講當然是有些誇飾，但我想表達的是面試這種事情有太多的變數，而許多因素都不在你自己的掌握中，例如：團隊其實沒缺人、面試題目不合理或面試流程亂七八糟等。既然問題不見得出在你身上，每一次的得失心不用放太重，你要做的只是了解自己不足的地方並加以補強，將這樣的經驗活用在下次面試即可。《塞翁失馬》的故事你也很熟，誰說你錯過這個 Offer 一定是件壞事，對吧？

實際上，我一直認為「面試是一件很看運氣的事情」，這也是我不斷在模擬面試時跟每一位學員強調的核心概念，我知道很多人會很討厭聽到這樣的話，畢竟這或多或少否定了作為求職者付出的努力，但關於這點我持相反的意見。我認為你必須要認知到「不是努力就能獲得一切」，因為只要抱著這樣的想法，一旦你沒有取得成果，最終你只會把原因歸咎於自己身上，在我看來這是一種危險的想法。

同樣的，我也不是要你放推，而是想要再次強調你作為求職者能掌握的東西極少，你只要努力把你能做的部分都做好，例如：良好的履歷、流利的自我介紹與技術問答準備，把這些都弄好後，剩下就交給運氣了，機緣也是非常重要的。

M·E·M·O

3

CHAPTER

React 效能優化與
最佳化實踐

本章將帶你一步步了解如何正確進行 React 效能優化。從避免使用索引作為 key 引發的渲染錯誤，到使用 React.memo、useCallback 等工具來減少不必要的重新渲染，讓應用程式在複雜場景下依然保持流暢。

❖ 本章學習重點

學習重點	說明
理解 key 在列表渲染中的重要性	掌握「為什麼使用索引作為 key」會導致渲染問題，學會如何正確選擇 key 來確保列表元素的穩定性與正確性。
利用 React.memo 避免不必要的重新渲染	深入了解 React.memo 的工作原理，學會在高成本渲染的情境下，使用 React.memo 來提高效能，並避免過度使用導致的反效果。
使用 useCallback 和 useMemo 處理函數與物件的記憶化	理解 useCallback 與 useMemo 的適用場景，學會在 props 中傳遞函數或物件時，如何避免不必要的重新渲染，並有效優化應用程式的效能。
掌握 useContext 在大型應用程式中的使用策略	學習如何合理使用 useContext，避免其在更新時導致無關元件的重新渲染，並控制 context 的範圍，以提升效能。
優化重新渲染行為與避免 UI 卡頓	了解如何透過設計優化重新渲染的行為，並透過範例學習如何避免頻繁重新渲染，確保應用程式在複雜場景下依然保持流暢。

在開發 React 應用程式時，「效能優化」往往不是我們一開始的重點，特別是在應用程式規模還不大的時候，問題不會太明顯。然而，當應用程式越來越複雜、資料量增加或是元件層級變深時，無意間造成的多餘重新渲染，可能會讓使用者感到卡頓，甚至影響整體效能。

我們將透過實際案例深入剖析這些工具的運作原理，並指導你如何在實務中靈活運用，打造高效穩定的 React 應用程式。這些最佳實踐不僅能幫助你解決當下的效能問題，更能提升你在 React 開發中的深度理解，讓你的應用程式在面對各種效能挑戰時，依然表現出色。

3.1　使用索引作為 key 值簡單又方便，但這樣對嗎？

在 React 開發中，對於 key 的使用是至關重要的，特別是在渲染列表或是透過陣列渲染複數元素時。雖然在各大教學影片、文章中，我們都被告知不要使用索引作為 key，但你是否真的理解這樣做的原因？現在我們透過一個實際的例子來深入探討這個話題，答案也許會比你想像得更有趣一些。

範例程式碼

URL https://codesandbox.io/p/sandbox/3-1-shi-yong-suo-yin-index-zuo-wei-keyzhi-jian-dan-you-fang-bian-dan-zhe-yang-dui-ma-6tz9vx

---

16 不要使用索引作為 key，你是否理解這樣做的原因？
實戰決勝題

▌題目說明

如圖 3-1 所示，這是一個相當簡單的清單，在 App 元件內我們渲染了 Fruit 元件組成的清單，每個 Fruit 元件都有一個「開關」按鈕及一個「刪除」按鈕。點擊「開關」按鈕後，欄位會展開並告訴這個水果是什麼顏色的；點擊「刪除」按鈕後，則會從清單消失，一切看起來都非常正常。

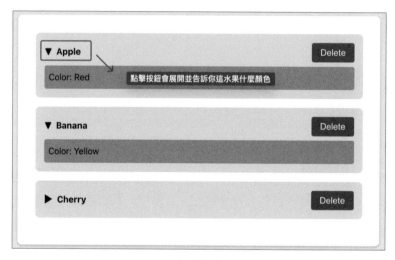

⋂ 圖 3-1

但當你照著以下的流程操作，你就會發現非常有趣的事情：

1. 展開 Banana。

2. 點擊 Banana 旁的「刪除」按鈕。

你會發現雖然 Banana 消失了，但 Cherry 元件卻展開了，如圖 3-2 所示。

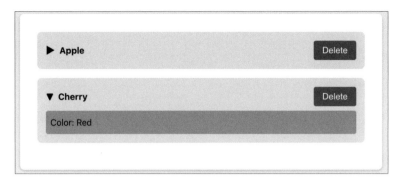

∩ 圖 3-2

　　請觀察這次的程式碼,並試著解釋為什麼這個問題會發生(即使標題已經嚴重劇透了)。由於篇幅的關係,我們先忽略 Fruit 元件的細節。

```
const App = () => {
  const [fruits, setFruits] = useState([
    { id: "a", name: "Apple", color: "Red" },
    { id: "b", name: "Banana", color: "Yellow" },
    { id: "c", name: "Cherry", color: "Red" },
  ]);
  const deleteFruit = (index) => {
    const newFruits = [...fruits];
    newFruits.splice(index, 1);
    setFruits(newFruits);
  };
  return (
    <div className="container">
      <ul className="fruit-list">
        {fruits.map((fruit, index) => (
          <Fruit
            key={index}
            fruit={fruit}
            deleteFruit={() => deleteFruit(index)}
          />
```

```
        )))}
      </ul>
    </div>
  );
};
```

解答與基本說明

雖然標題基本上已經劇透完畢了，相信你們也知道 key 是關鍵，但為什麼「索引作為 key」會造成這樣的問題呢？這又是 React 的渲染機制造成的情況，簡單來說，React 渲染陣列元素時，會依賴 key 作為辨識（identifier）元素的依據，同時 React 也會試圖重複利用元件去提升渲染效率，因此當你現在刪除了 key=1 的元件，更新清單時 React 發現更新後 key=1 的元件其實還在（因為下方的 Cherry 遞補上來），為了達到最佳效率，它只更新了其中一個 props，也就是水果的名字，其餘的 state 則因為重複使用而保存下來了。

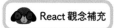 **快速了解 key 在 React 渲染中扮演的關鍵角色**

在 React 開發中，我們經常聽到「記得加 key」這樣的建議，但 key 為什麼如此重要？要理解這一點，我們需要深入 React 的核心機制：「Reconciliation 和差異算法」。

「Reconciliation」是 React 決定如何高效更新 UI 的過程。當元件的 state 或 props 改變時，React 會建立新的 Virtual DOM、將新舊 Virtual DOM 進行比較、計算出最小的更新操作、更新實際 DOM，這個過程的核心目標是「最小化 DOM 操作，提高效能」。

而「差異算法」（Diffing Algorithm）是 Reconciliation 過程中比較 Virtual DOM 的關鍵步驟。它遵循兩個主要原則：①不同類型的元素會生成不同的樹結構、②開發者可以透過 key 暗示哪些子元素在不同渲染中保持穩定，這就是 key 發揮作用的地方。

key 在 React 渲染中扮演了至關重要的角色：

- 元素識別：key 幫助 React 識別哪些元素發生了變化、被增加或被刪除。

- 優化重新渲染的流程：正確的 key 使得 React 能夠保留重要的元件狀態。

- 提高效能：透過準確識別元素，React 可以最小化 DOM 操作。

正確使用 key，不僅能提高應用程式效能，還能避免一些難以追蹤的渲染問題。

....

知道問題核心與關鍵字後，剩下的內容想必你自己也猜得出來，就是不要只用索引來當 key 使用，而是儘量使用唯一的 ID 去作為 key 值，我們只要將渲染部分的程式碼做更新即可。

```
<ul>
  {fruits.map((fruit) => (
   <Fruit
    key={fruit.id} // 利用唯一的 id 作為 key 值
    fruit={fruit}
    deleteFruit={() => deleteFruit(fruit.id)}
   />
  ))}
</ul>
```

但也確實會有情況是「資料本身並沒有提供唯一的 ID」，這類的情況通常會選擇利用資料本身去組成一個唯一的 key 值，如下方的例子：

```
<ul>
  {fruits.map((fruit) => (
   <Fruit
    key={`${fruit.name}-${fruit.color}`} // 將 name 和 color 組合成唯一
的 key
    fruit={fruit}
    deleteFruit={() => deleteFruit(fruit.name)}
   />
  ))}
</ul>
```

其他常見的方式還有配合索引本身與元素的屬性值，總之只要能弄出獨特值作為 key 值就行了。

透過這個小節的範例，我想你總算了解為什麼所有教學都死咬著要你不要用索引作為 key 的真正原因，也許你在實務上多數的情境並不會真的因為這樣而造成一些大錯誤，但藉由這樣的行為可以讓你更清楚 React 底層的運作原理，之後不管是在開發上或是面試問題上，你都能展示出更高一層的理解，這才是我希望你從這個範例中能帶走的知識點。

 求職 Q & A

 Danny，我順利開始跑面試流程了，但我發現他們最後常常會問說：「是否有問題想問」，這時我該問些什麼呢？

很好的問題。說實在的，我一直覺得面試是一種雙向交流的過程，受試者其實也有足夠的話語權去了解自己想知道的事情，不需要把自己的地位放太低。對我來說，提問的時間非常重要，因為這是我獲取情報的好機會，許多細節在對方主導時會被忽略掉，只有自己提問時，才有機會得到更真實的資訊。

講句難聽點的話，我自己認為面試其實可以視為兩方都在偽裝的一場戲，求職者想裝成「我是這個職缺最適合的人選」，回答時會忽略所有我不想讓你知道的事情；而面試官則裝成「我們團隊就是好棒棒」，回答時同樣也會試著巧妙帶過團隊目前的問題，整個面試提問的過程就是互相想辦法去戳破對方的偽裝來得到情報，隨著你的提問越細節，對方也就越容易露出破綻，你就有更多的情報來評斷這家公司或這個職缺的好壞。

最理想的情況是你至少對面試的公司做最基本的調查，可以的話，對公司的歷史及產品多做一些了解，如此一來，你針對公司或產品的提問也會較有水準一些，儘可能透過提問去了解你未來的工作情境，這會是你決定後續是否接受 Offer 的考量之一。

但我也知道求職者沒辦法對每家公司都下如此多的工夫，因此還是有一些基本款的萬金油問題，是我會在所有面試中提問的：

- 整個面試過程大概會有多長,後續還有哪些關卡?

- 你們目前工程師團隊的規模是?可以向我說明一下你們的開發流程嗎?

- 若我順利錄取,一開始我會負責的項目是?

- 這次招募 / 擴編的目的以及公司 / 產品未來的方向是?

這些問題的目標都是為了更了解未來工作的情境,隨著你跑過的面試越來越多,你會慢慢更清楚你真正在乎的點是什麼,那時就可以把那個項目加入你的萬金油清單中,如此你在每次面試能獲得的情報也會跟著增加。

3.2　重新渲染的昂貴代價該怎麼處理?

在之前的章節中,我有不斷提到一個概念:「在 React 開發中,有時重新渲染是必要的,它不是什麼一定得被處理掉的洪水猛獸」,然而當涉及到昂貴的渲染操作時,這就成為我們必須面對的一個難題。「過度不必要的重新渲染」可能導致頁面的效能嚴重下降,尤其是在有大量或複雜元件的情況下。在本小節中,我們將探討如何有效處理這些昂貴的重新渲染,並學習如何透過 React 提供的工具來優化我們的應用程式。

範例程式碼

URL https://codesandbox.io/p/sandbox/3-2-chong-xin-xuan-ran-de-ang-gui-dai-jia-gai-zen-mo-chu-li-ssnqkf

---

如何處理不必要的重新渲染？

題目說明

如圖 3-3 所示，這是個相當簡單的頁面，但其中包含著一個渲染成本相當昂貴的元件（ExpensiveComponent），這個元件接受來自父層的 text 作為參數傳入，同時父元件也另外有個 count，但並沒有將 count 作為參數傳給 Expensive Component。

⋂ 圖 3-3

接著我們再仔細看一下程式碼，在 ExpensiveComponent 元件中，我們利用一個大迴圈去模擬渲染成本高的元件（如超級複雜、有著極多的程式碼等），而在 App 元件中，我們則可以透過點擊兩個按鈕去更新元件內的 state。

```
const ExpensiveComponent = ({ data }) => {
  const startTime = performance.now();

  // Simulate expensive calculation
  for (let i = 0; i < 1000000000; i++) {}

  const endTime = performance.now();
  console.log(`ExpensiveComponent took ${endTime - startTime} ms to
render.`);

  return <div>{data}</div>;
};
```

```
export default function App() {
  const [count, setCount] = useState(0);
  const [text, setText] = useState("Initial Text");

  const startTime = performance.now();

  return (
    <div className="container">
      <button onClick={() => setCount(count + 1)}>Increase Count</
button>
      <button onClick={() => setText("Updated Text")}>Change Text</
button>

      <ExpensiveComponent data={text} />

      <div>Count: {count}</div>

      {console.log(
        `App component took ${performance.now() - startTime} ms to
render.`
      )}
    </div>
  );
}
```

在兩個元件中，我們都加入了 log 去展示每個元件渲染的時間，因此你開啟 Console 之後，應該會看到類似圖 3-4 的畫面。

```
App component took 0.09999990463256836 ms to render.      App.js:31
ExpensiveComponent took 439.2999997138977 ms to
render.                                                   App.js:11
```

∩ 圖 3-4

113

到這邊，基本上都沒有什麼問題。當點擊「Change Text」的按鈕時，由於 text 更新，ExpensiveComponent 元件確實如我們期待來重新渲染，畢竟它作為參數接收，一旦參數更新，「重新渲染」是必然的行為，這點你同樣可以從 Console 中看出來。不過，若你現在點擊「Increase Count」按鈕，你就會覺得事情有點不太對勁，明明 count 與 ExpensiveComponent 元件無關，但它還是花了大量的資源與時間重新渲染了，請試著解釋這個問題並提出解決方案。

解答與基本說明

我想題目並不複雜，若你對之前的小節內容已了解，或是已經對 React 渲染的基本規則駕輕就熟了，對於「為什麼 count 更新會導致 ExpensiveComponent 元件重新渲染」的問題，想必會覺得再簡單不過了。這邊再做最後一次強調，元件會重新渲染的原因是：

1. state 或是 props 更新。

2. 父元件重新渲染。

現在這個不必要的重新渲染很明顯是第二種情境，由於你更新 count，會讓 App 元件需要重新渲染，當 App 元件重新渲染時，作為子元件的 ExpensiveComponent 自然也會被重新渲染，最終造成了你看到的情況。這類的情況其實遠比你想像的常見，實務上的 ExpensiveComponent 雖然不會有這麼白痴的寫法，但是有些元件本身包含數十、甚至數百個小元件都不足為奇，若是每次都隨意重新渲染這樣的元件，就會像現在的例子一樣，讓使用者明顯感到卡頓。

解決方法相當簡單，畢竟這是 React 需要管的範疇，React 有提供 React.memo 這樣的高階元件 HOC（Higher Order Component）讓我們使用，React.memo 會對此次傳入的 props 與上一次傳入的 props 做淺比對（shallow comparison），若是判斷 props 有改變，才會選擇觸發重新渲染；若沒有改變，則跳過重新渲染的過程。了解這點之後，你只要將 ExpensiveComponent 稍做改動即可。

```
import React, { useState, memo } from "react"; // 引入 memo 的使用

const ExpensiveComponent = memo(({ data }) => { // 將 ExpensiveComponent
傳入 memo 中
  const startTime = performance.now();

  // Simulate expensive calculation
  for (let i = 0; i < 1000000000; i++) {}

  const endTime = performance.now();
  console.log(`ExpensiveComponent took ${endTime - startTime} ms to
render.`);

  return <div>{data}</div>;
})
```

　　光是這樣改動，你就會發現「更新 count 值不再讓 ExpensiveComponent 重新渲染了」，你可以盡情去點擊「Increase count」按鈕。

 **React 觀念補充**　　**React.memo 的侷限與自定義比較函數**

前面討論 ExpensiveComponent 的重新渲染問題時，我們已經接觸到 React.memo 這個高階元件（HOC）。透過對傳入的 props 進行淺層比較，React.memo 幫助我們避免了許多不必要的重新渲染，但是 React.memo 的應用遠不止於此。要充分利用它，我們還需要了解一些進階的使用方法。

React.memo 的工作原理是對 props 進行淺層比較，即只對物件或陣列的第一層屬性進行比較，這對於效能優化來說非常有用。然而，當我們的 props 包含複雜的資料結構時，例如：深層嵌套的物件或動態生成的陣列，單純的淺層比較可能不足以防止不必要的重新渲染。

這時自定義比較函數就派上用場了。透過傳遞一個比較函數給 React.memo，你可以更精確控制何時觸發重新渲染。這個函數接收 prevProps 和 nextProps 兩個參數，並回傳

一個布林值，如果回傳 true，則跳過重新渲染；如果回傳 false，則進行重新渲染。如下方的例子：

```
const MyComponent = React.memo(function MyComponent({ user }) {
  return <div>{user.name}</div>;
}, (prevProps, nextProps) => {
  return prevProps.user.id === nextProps.user.id;
});
```

在這個範例中，我們自定義了比較函數，僅在 user.id 發生變化時，才觸發重新渲染。這樣的精細化控制能在特定場景中顯著提升效能。

透過這個小節的範例，我們介紹了 React.memo 這樣的工具去減少不必要的重複渲染，尤其在複雜元件的情境下這樣的優化顯得更有意義，你要特別注意只有在以下的時機使用 React.memo：

1. **重複渲染頻繁**：當父元件頻繁重新渲染，但子元件的 props 並沒有實質變化時，React.memo 可以避免無謂的重新渲染。

2. **渲染成本高**：元件內部可能進行了大量的計算，或是包含許多子元件，使得每次重新渲染都非常耗時。

3. **穩定的 props**：當 props 的變動頻率較低，且主要影響在 UI 顯示層時，使用 React.memo 可以提高效能。

很多工具都有其優勢以及能解決的問題，善用工具能讓你在開發上事半功倍，但為了能妥善運用這些玩意，你務必得先理解它們的主要用途與原理，這樣才不至於出現許多濫用，而導致事倍功半的情況發生。

求職 Q & A

 Danny，我順利通過 phone screen 的階段了，HR 跟我說之後會有白板題的測驗，我該怎麼準備呢？

我實在很想跟你說：「那你就去死命刷一大堆白板題吧」，但事實上我確實有一些意見可以給你。白板題雖然對很多人來說（包含我在內）都是該死的惡夢，很多時候你思路一錯，選了錯誤的切入方向就萬劫不復了；對於常見題型的部分，你可以藉由反覆刷題來增加熟練度，但很多時候你不免會遇到一些完全沒見過的題目，讓你必須從頭開始思考。

這時如何整理你的思緒就變得很重要，千萬不要太早放棄，記住一個核心思想：「你的程式碼並不需要會動，你要做的是在有限的時間內儘量展現你解題的思路」，這時候的互動很重要，面試官一般還是挺有人性的，你可以問他一些問題，有時甚至他們會給你一點引導，悶著不吭聲、最後吃虧的鐵定是你，畢竟這也是一種與他人協作的表現。

當你遇到真的完全沒頭緒的問題時，我會建議你藉由複述題目、確認條件與極端值之類的作法，給自己一些額外的思考時間，整理過思緒後再開始。不管怎麼樣，都不要交白卷，即便你真的不懂，也要具體表達出你是卡在哪一個部分，白卷對我來說，永遠是最下下策，因為你連卡關的部分都沒有描述，這要他人如何協助你呢？

3.3 React.memo 這麼好用，我還不用爆！

在上一個小節中，我們介紹了 React.memo 這個工具，可以避免元件的重新渲染，看完前面的內容後，也許你心裡會有個想法：「我他媽還不用爆 React. memo」。如果這類的想法有閃進你的腦袋，那不好意思，現在我要戳破那個美好的想像泡泡了，我們馬上來看一個例子吧！

為何好用的 React.memo 沒有發揮效果呢？

▌題目說明

現在的情境是這樣的，自從學到了 React.memo 後，有名工程師就把所有的元件都套上這個 HOC，寫出了以下的程式碼。為了方便解說，我額外加了顯示渲染次數的邏輯，那幾個部分可以先忽略。

```
const SmallComponent = memo(({ item }) => {
  const renderCountRef = useRef(1);

  useEffect(() => {
    renderCountRef.current += 1;
  });

  return (
    <div>
      {item.name} - Render Count: {renderCountRef.current}
    </div>
  );
});

const LargeList = memo(({ items }) => {
  const renderCountRef = useRef(1);
```

```
  useEffect(() => {
    renderCountRef.current += 1;
  });

  return (
    <div>
      <div>LargeList Render Count: {renderCountRef.current}</div>
      {items.map((item, index) => (
        <SmallComponent key={index} item={item} />
      ))}
    </div>
  );
});

export default function App() {
  const [count, setCount] = useState(0);
  const items = [{ name: "apple" }, { name: "banana" }, { name:
"cherry" }];

  return (
    <div className="container">
      <button onClick={() => setCount((prev) => prev + 1)}>
        Increment Count: {count}
      </button>
      <LargeList items={items} />
    </div>
  );
}
```

　　頁面上的結構很單純，如圖 3-5 所示，頁面中有著一個按鈕與一個大元件 LargeList，這個元件會接受來自大元件的 props，也就是一個 items 陣列並渲染出許多個小元件 SmallComponent，每個元件旁邊都有一個小小的文字顯示目前該元件渲染了幾次。

119

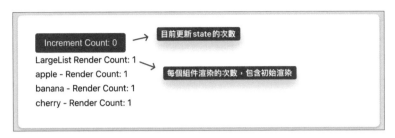

原本預期這樣寫，就可以解決 App 元件因 state 更新而造成 LargeList 元件不必要的重新渲染，但正如圖 3-6 所展示的情況，當我們點擊「Increment Count」按鈕去更新 App 元件的 state 時，仍舊造成 LargeList 元件重新渲染，也理所當然讓子元件 SmallComponent 重新渲染。

我可以跟你保證我寫的追蹤渲染次數的邏輯絕對沒有錯，是 React.memo 沒有發揮預期的效果，請試著解釋為什麼這個例子中會有這樣的行為。

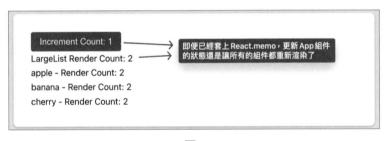

▲ 圖 3-6

▌解答與基本說明

接續上一小節的內容，我們繼續來討論 React.memo，若你已經完全了解上一小節的內容，我想這裡的題目對你來說再簡單不過了，實際上這份程式碼所犯的錯誤可遠不止在 LargeList 元件中。這類的情況在實務中層出不窮，React 為了優化效能，而有了許多的工具讓開發者使用，像是這兩個小節討論的 React.memo，或是幾個常見 Hooks（如 useMemo、useCallback 等）的核心目標，都是「為了避免不必要的重複操作」，用得好的話自然沒什麼問題，但若是你並沒有妥善使用，很多時候都是在扯後腿罷了，因為任何的比對行為（包含比對 props）都是需要成本的。

在上一小節中，我們講過 React.memo 會先確認傳入的 props 是否有更新，若沒有更新的話，就跳過渲染的過程，而判斷是否有更新的方式是「淺比對」（shallow comparison）。也就是說，如果是物件的話，它單純就是看「該物件的 reference 是否仍是一樣」，聽起來是不是有點熟悉？沒錯！我們在介紹依賴陣列（dependency array）時，也講過 React 是如何判斷更新的，當你想通之後，一切其實都是相同的原理，現在的問題在於我們 items 陣列的寫法：

```
const items = [{ name: "apple" }, { name: "banana" }, { name:
"cherry" }];

<LargeList items={items} />
```

我們已經跑過這麼這麼多例子了，我相信你應該已經了解一個核心的概念：「每一次的重新渲染都會完整跑過元件內的程式碼，這其中自然也包括函數與變數的宣告」，因此雖然變數名都叫做「items」，但實際上對 React 來說，你是每一次都建立一個全新的物件，然後傳給 LargeList 元件，每一次對 LargeList 元件來說，props 都在變動，自然就不會因為 React.memo 跳過渲染，最終就造成你看到的狀況。

解決的方法也很簡單，假設你真的因為某種原因需要宣告這類固定值的陣列，大致上有兩種常見的手段：

✪ 作法一：宣告在元件外

只要宣告在元件外，那麼這個宣告的行為就不屬於渲染過程的一部分，自然也不會重新宣告，如此 reference 就會保持相同，讓 React.memo 如你所想的運作，這也是許多專案中對於靜態物件的處理方式。

```
const items = [{ name: "apple" }, { name: "banana" }, { name:
"cherry" }];
export default function App() {
  const [count, setCount] = useState(0);



  return (
    <div className="container">
      <button onClick={() => setCount((prev) => prev + 1)}>
        Increment Count: {count}
      </button>
      <LargeList items={items} />
    </div>
  );
}
```

✪ 作法二：利用 useMemo

另一種作法我個人較為不推薦，但使用 useMemo 確實可以解決這個問題，原理有些類似。我們可以利用一個空的 dependency array，讓 useMemo 不會重新呼叫，重新渲染時便不會去更新這個值，那麼就可以一直保持相同的 reference。

```
const items = useMemo(
  () => [
    { name: "apple" },
    { name: "banana" },
    { name: "cherry" }
  ],
  [] // Dependency array is empty, so items won't be recreated
);
```

　　再次強調，我並不推薦在這個情況下使用 useMemo，原因在於這次的陣列相當單純，並不是個非常吃效能的陣列，這就跟胡亂使用 React.memo 有著異曲同工之妙。

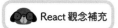 **useMemo 的使用時機以及其與 React.memo 的差異**

useMemo 與 React.memo 聽起來很像同卵雙胞胎，很多人初次接觸時都會有些困惑，但實際上它們的差異很明顯。useMemo 是 React 中用來優化效能的 Hook，它的作用是記憶一個計算結果，僅在依賴項變化時才重新計算，從而避免不必要的重複計算。與 React.memo 的差異在於，React.memo 是用來記憶整個元件的渲染結果，而 useMemo 則是針對某個特定的計算結果。

使用時機：

- 計算成本高昂：適合用在需要處理大量資料或複雜計算的場景中，確保效能不受影響。
- 穩定的依賴項：當依賴的資料不頻繁變動時，useMemo 可以避免不必要的重複計算。

與 React.memo 的差異：

- 範圍不同：React.memo 記憶的是整個元件的渲染，而 useMemo 記憶的是特定的計算結果。
- 用途不同：React.memo 用於防止元件重新渲染，而 useMemo 則是用於防止重複計算。

總結來說，useMemo 是用來優化計算成本的，而 React.memo 是用來優化渲染的，兩者各有所長，但都要謹慎使用，以避免過度優化造成的負擔。

　　透過這個小節的範例，我們打破了許多人對於 React.memo 的美好泡泡，許多 React 用來做效能優化的 Hooks 實際上都有相似的情況，一昧濫用只會將你的頁面推進更深的深淵。我必須再次強調，這其實跟所有的開發行為一樣，當你選用工具時，務必了解你為什麼要使用這個工具、它究竟解決了什麼問題；做大量優化時，也務必先設好基準線，你才能知道自己是不是在做白工。

求職 Q & A

 Danny，我進入到技術面試的關卡了，但我並沒有碰到什麼技術測驗，感覺上只是與技術主管聊聊過去經歷而已，這樣正常嗎？

很遺憾的，我這邊必須給出模稜兩可的答案：「這正常、也不正常」，我們之前有提過面試的生態現在並不是這麼健康，有許多面試充斥著看似完全不必要的測驗與白板題，但另一個極端也是存在的，確實是有公司完全沒有技術相關的測驗，整個面試流程僅僅是談過去的經驗以及一些人格特質的確認，挑人的標準更不明確一些。

更可怕的是，有些跑這種面試流程的公司卻還是開出相當不錯的條件（例如：我曾經面試過的某 K12 出版社），遇到這種情況就看你怎麼想，畢竟公司百百種，面試的過程自然也百百種，只是有一點你要理解，若你進入這樣的團隊，你的同事們大概全都是走這樣的面試流程進來的，團隊的實力就挺不好估計的，體感上會非常像在抽福袋。

3.4 不過是個渲染行為，怎麼連 useContext 也在搞啊！

我們已經連續兩個小節都在討論 React.memo 使用上的一些情境與錯誤，這次我們將繼續探討其他可能造成不必要重複渲染的情況，只是主角不再是 React.memo。你也許會覺得有點煩，但是請相信我，這類情境在實務上極為常見。如果不加以注意，往往會讓你的頁面在不自覺的情況下越來越慢，到時候要找病徵，可就麻煩多了。預防勝於治療，我們馬上來看題目吧！

範例程式碼

`URL` https://codesandbox.io/p/sandbox/3-4-bu-guo-shi-ge-xuan-ran-
xing-wei-zen-mo-lian-usecontextye-zai-gao-a-cn7c3n

---

 19 實戰決勝題 為何沒有用到的元件重新渲染了？

題目說明

在這個範例中，我們有個大元件 Parent，Parent 元件底下則有另外三個元件，分別是 SiblingUsingContext 元件、AnotherComponent 元件以及 ExpensiveComponent 元件。由於 SiblingUsingContext 元件和 AnotherComponent 元件皆需要使用來自 App 元件的 state，為了避免 props drilling 的情況，你用了 useContext 建立起一個 context，讓 Parent 底下的元件可以共享 state 與更新 state 用的函數。

根據圖 3-7 所示，你可以看出這招確實有效，當我們點擊按鈕去更新來自 App 元件的 state 時，App 元件更新後的值確實順利共享於那兩個元件。

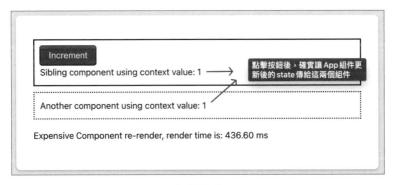

🎧 圖 3-7

但奇怪的地方在於，明明 ExpensiveComponent 元件並沒有用到來自 App 元件的 value，這個元件卻還是做了重新渲染，如圖 3-8 所示。

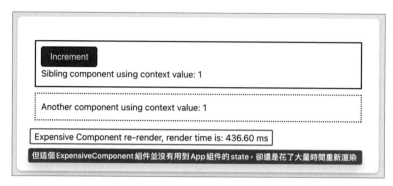

🎧 圖 3-8

請觀察這部分的程式碼，為了讓你專注於核心問題上，我省略了其他元件內的程式碼，你可以假設這三個元件中的程式碼都不需要更動，試著解釋這個問題發生的原因，並提出解決方案。

```
const Parent = () => {
  return (
    <>
      <SiblingUsingContext />
      <AnotherComponent />
      <ExpensiveComponent />
    </>
  );
};

export default function App() {
  const [value, setValue] = useState(0);
  return (
    <div className="container">
      <AppContext.Provider value={{ value, setValue }}>
        <Parent />
```

```
      </AppContext.Provider>
    </div>
  );
}
```

解答與基本說明

　　本小節的範例問題其實非常簡單，若是你覺得上述的情況很奇怪，那麼請先自打一巴掌，因為這是最最最基本、我們也不斷反覆說過的概念：「若現在父元件的 state 更新了，那麼底下的元件重新渲染是再正常也不過的情況了」，這部分甚至與 useContext 一點關係都沒有。

　　釐清這點之後，我們才開始正式解題。在你需要跨元件共享某些 state 時，「建立一個 context」絕對是個好點子，但你要知道的是「當該 context 更新，所有被包在 context 內的元件全都會重新渲染（畢竟裡面的 state 更新了）」，所以正確選擇 context 的範圍極為重要。

　　以這個例子來說，ExpensiveComponent 元件很明顯並沒有用到任何來自 context 的值，那麼它就不應該被包在這個 context 內，你的第一步便是「修改 context 包裹的範圍，將整個結構做簡單改寫」。

 作者小叮嚀

當初我在做類 Discord 的功能時，就因為這個東西吃了大虧，由於 Discord 本身涵蓋很大量的功能，在許多情況下，元件間都需要密切的交流，跨元件也經常要求資料的一致性，使用局部的 context 就成為了我當時首選的想法，但因為我忽略了這個問題，在極大量訊息湧入我們的網頁時，就觸發了無數個重新渲染，最終甚至直接讓一些聊天 channel 掛掉，被緊急叫上去修，至今我都還覺得有點抖抖的。

```
const Parent = () => {
  return (
    <>
      <SiblingUsingContext />
      <AnotherComponent />
    </>
  );
};


export default function App() {
  const [value, setValue] = useState(0);

  return (
    <div>
      <AppContext.Provider value={{ value, setValue }}>
        <Parent />
      </AppContext.Provider>
      <ExpensiveComponent />
    </div>
  );
}
```

但這樣並沒有完全解決我們的問題，畢竟 context 用的值都來自 App 元件裡面的 state，App 元件仍然會在 state 更新時重新渲染，最終造成一樣的結果，因此你這邊還需要做一點小小的加強，我們需要再次請出 React.memo，讓整個元件不會做不必要的重新渲染。了解這些後，只要再稍微修改一下 ExpensiveComponent 元件就行了。

```
const ExpensiveComponent = memo(() => { // 加上 memo
  const renderTimeRef = useRef(0);

  useEffect(() => {
```

```
  const startTime = performance.now();

  for (let i = 0; i < 1000000000; i++) {}

  const endTime = performance.now();
  renderTimeRef.current = endTime - startTime;
});

return (
  <div>
    <p>
      Expensive Component re-render, render time is:{" "}
      {renderTimeRef.current.toFixed(2)} ms
    </p>
  </div>
);
});
```

　　本小節的範例稍微複雜了一點，由於我們限制了 context 的 state 是來自 App 元件
去模擬實務上更多層的情況，因此你可能會覺得這個例子似乎不夠有說服力，畢
竟理論上來說，這個情境有更好的解法，像是我們直接把要共用的 state 在 Parent
元件處理即可，那麼甚至不需要用到 context。

　　但就像我剛說的，實務上往往會有更多層的結構，很多時候需要的 state 就是來
自一個較遠的地方，在這類的情況下，要跨元件共享就需要特別的小心，必要時
你甚至需要重構整個結構，讓你有辦法切出乾淨的 context。useContext 本身是個
非常好用的工具，但就像我們目前介紹的所有工具一樣，務必了解它正確的使用
情境以及可能帶來的問題，這才是一個好的開發者應該保持的習慣。

求職 Q & A

 Danny，我在面試過程中不免俗地被問到期待的薪水，這種問題我該怎麼回答啊？

 來了，難度最高的問題之一，確實是個好問題。這只是我個人主觀的想法，你可以作為參考，但不要當作教科書來用。

首先，你必須知道市場上的行情，這點在一開始的內容中，我們就有提到目前 junior 市場的薪資區間，有了這樣的基本概念後，我們再來談薪水。我個人在談薪水的時候，會習慣以「年薪」為單位去跟對方談，畢竟有不少公司是月薪普普，但靠獎金和年終把整包薪資撐起來的，用年薪會更方便對方去操作，也比較不會因為月薪的期待差太多，而錯過一些機會。

接著，就是要喊多少年薪的問題，我知道新人喊價是件很困難的事情，但你可以在心裡根據求職地區以及個人期待，先規劃一個可接受的區間，例如：年薪 60~80 萬，雖然大概對方會直接用你的底線區間做核薪的依據，但畢竟也是你能接受的數字，之後再透過面試的過程去調整你的區間，尤其當你實際拿到數份 Offer 後，你會更理解自己的價碼，可能會覺得之前預設的數字太低／太高，這時就可以在之後的面試過程中調整。

「薪資協議」是一種談判，手持 Offer 的情況要談判，自然會更輕鬆一點，你也可以用既有的 Offer 去做 Competitive Offer，強制拉高對方的價碼，但我會建議一切誠實，不要為了把價錢提高而虛報數字，弄得不好而導致最後兩邊都打水漂就好笑了，這是一門藝術，我自己也還在學習。

不實際出去面試，你很難知道自己現在到底值什麼價碼，就放膽去試吧！真的沒有正確的答案，一切因人、因地而異。

3.5　React.memo 怎麼碰到函數當作 props 就不行啦！

終於到了「效能優化」的最後一個小節。在前面幾個小節中，我們討論了很多關於「避免不必要的重新渲染以及不必要的計算」的策略，藉此帶出許多 React 為了提高效能所介紹給我們的一些 Hooks。雖然光看標題，你可能會想說：「真是沒完沒了，React.memo 都講幾次了」，但是沒有辦法，這裡我們會繼續歡迎這個老朋友。我不是江郎才盡，只是這玩意能帶出的錯誤實在是有夠多，不過你放心，這次的內容極為短篇，我們馬上開始吧！

範例程式碼

`URL` https://codesandbox.io/p/sandbox/3-5-react-memoni-zen-mo-peng-dao-han-shu-dang-zuo-propsjiu-bu-xing-la-t7vrk7

---

20 將整個元件用 React.memo 包起來，為何元件又重新渲染了？

▌題目說明

在我們的 App 元件中有個 ExpensiveChildComponent 元件（請假設它裡面有很多運算或邏輯，而造成渲染成本很高），其中它接受了來自 App 元件的 setCount 函數作為 props 傳入。為了避免 App 元件的改動，而造成不必要的重新渲染，你將整個元件用 React.memo 包起來，但當點擊 ExpensiveChildComponent 元件內的按鈕來呼叫 setCount 函數時，卻仍造成整個子元件重新渲染，如圖 3-9 所示。

∩ 圖 3-9

　　這就很奇怪了，根據以下的程式碼，我們確實已經將整個 ExpensiveChild Component 元件用 React.memo 包起來了，App 元件內 state 的更新與重新渲染應該不會影響到元件啊？

```
const ExpensiveChildComponent = memo(({ onClick }) => {
  const renderCountRef = useRef(0);
  useEffect(() => {
    renderCountRef.current += 1;
  });

  return (
    <div>
      <button onClick={onClick}>Click Me</button>
      <p>ExpensiveChildComponent re-rendered {renderCountRef.current}
times</p>
    </div>
  );
});

export default function App() {
  const [count, setCount] = useState(0);
  const increment = () => setCount(count + 1);

  return (
```

```
    <div className="container">
      <h2>Count: {count}</h2>
      <ExpensiveChildComponent onClick={increment} />
    </div>
  );
}
```

　　請你仔細回想一下在本章所學到的所有觀念，並試著回答造成這個問題的核心原因與解決方式吧！

解答與基本說明

　　首先，我必須要先做個解釋，題目看起來相當不實際，正常來說，你不會就這樣把 setCount 用另一個函數包裝後，作為 props 傳進去，你大可以直接把 setCount 當作 props 傳進去，不過這足以展示我想說的問題了，這邊就稍微包容我一下吧！

　　我想如果你有看懂從一開始到現在的所有範例，那麼即便不知道怎麼修復這個問題，但你多半已經可以說明原因是什麼了，我們一再重複強調幾個概念，其中一個就是「每一次的重新渲染都會重跑元件內的程式碼，包含變數與函數的宣告」，再加上我們之前也多次強調過「React.memo 只做淺比對」，以物件來說，就是看 reference 是否有變動，來決定是否要跳過渲染的流程。把這點記在心裡後，現在再仔細看一下程式碼的這一段：

```
const increment = () => setCount(count + 1);

<ExpensiveChildComponent onClick={increment} />
```

　　既然每一次的渲染都是新宣告的函數，reference 自然也會是全新的，如此 React. memo 自然就再次派不上用場了，但這並不是它的錯，而是它本來就是這樣設計的。至少到這邊，你應該有方向我們該怎麼做了，我們要確保該函數有著相同的

reference，除非必要，否則我們不重新宣告這個函數，這就是 useCallback 出場的時候了。你要做的事情非常簡單，只需要將 increment 函數利用 useCallback 包起來，並傳入空的 dependency array 就行了。

```
export default function App() {
  const [count, setCount] = useState(0);
  const increment = useCallback(() => setCount(prev => prev + 1), []);
// 修改這邊即可


  return (
    <div className="container">
      <h2>Count: {count}</h2>
      <ExpensiveChildComponent onClick={increment} />
    </div>
  );
}
```

如此一來，無論你點擊了幾下按鈕，最終 ExpensiveChildComponent 元件都不再做不必要的重新渲染，如圖 3-10 所示。

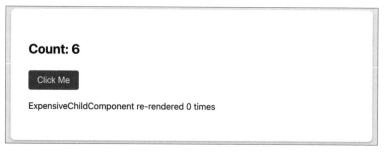

⋂ 圖 3-10

在本章中，我們深入探討了 React 中的效能優化策略，特別聚焦於「如何透過各種方法來避免不必要的重新渲染」。我們從 React.memo 的基本使用開始，逐步深入到更複雜的場景，包括處理物件和函數作為 props 的情況。讓我們回顧一下本章的要點：

1. **React.memo 以及 useCallback 的正確使用**：我們學習了如何正確使用這類工具來避免不必要的重新渲染，但同時也認識到過度使用這類的優化措施，可能會適得其反，反而降低應用程式的效能。

2. **理解淺比較的限制**：我們深入探討了 React 在進行淺比較的機制，理解它在處理物件和陣列時的侷限性以及要特別注意的要點。

3. **useContext 的影響範圍**：我們討論了 useContext 對效能的潛在影響，以及如何透過精確控制 Context 的範圍來避免不必要的重新渲染。

一步步走來，這麼多的例子應該讓你對 React 內部的運作機制有了更全面的理解，你或許漸漸發現 React 確實有著自己一套的邏輯去處理各種狀態管理、渲染等機制，一旦你瞭解了它運作的原理，很多情況你會發現處理的邏輯都很相似。在下一個章節中，我們會進入最後的實戰環節，把你這幾章節累積的武器好好打磨，我們一起來面對最後的挑戰吧！

 求職 Q & A

 Danny，面試結束後 HR 聯繫我，要求我提供一些額外的個人資料，看起來與工作完全無關，那麼我應該怎麼辦？

這個問題剛好之前有在社群被問到，當時有人給了很詳細的回應，在這邊記錄一下。通常遇到這樣的情況，很可能是面試的公司稍微有些傳統，台灣很多求職員工資料表都要填一大堆完全無用的資訊，舉凡你之前高中的社團到你哥有幾個孩子這樣，書面的東西就這樣了，許多額外的證明更是如此，我有聽過的像是良民證、個人信用資料或是貸款紀錄等。根據台灣勞工局的解釋：「勞工是有權利拒絕提供這類與工作無關的資訊」，要是真的擔心的話，你可以主動詢問一下為什麼需要這些資料，就像我之前提到的，面試求職是雙向的行為，真的不用把自己的地位放這麼低，很多需求都是可以討論的。

M·E·M·O

4

CHAPTER

React 面試實戰問題

在本章中,我們將面對更複雜、更具挑戰性的面試問題,與前面的問題差別在於,你現在多半不是要去解決某個 Bug,而是去達成一些商業需求或是根據程式碼回答指定的問題。這些問題不僅涵蓋了 React 的核心概念,透過這些實戰問題,你將有機會把前幾章所學的知識融會貫通,並了解實際面試環境中你可能會碰到的 React 程式題目類型。

❖ 本章學習重點

學習重點	說明
解構面試題：思路與策略	初探 React 面試場合會面對到的熱門題型，學習快速理解並掌握將複雜問題拆解為多個小問題的技巧。
展示 React 核心能力	透過經典題目，展示對 React 基本概念（如 state、props、條件渲染、事件處理等）的熟練掌握，並強調清楚的元件結構設計與程式碼的可讀性。
進階應用挑戰	使用自定義 Hook 和進階功能（如分頁、事件處理動畫），展示對 React 生態的深入掌握，並強調邏輯抽象與重用能力。
效能與優化實踐	學習在大量資料重新渲染的場景下優化效能，展現對 React 渲染邏輯與最佳實踐的理解。
整合與調試能力	透過整合外部 API 展示與後端互動的能力，並掌握錯誤處理與邊界情境的解決方法。

熬了這麼久，我們終於要來到更進階的舞台了。在前三章中，我們深入探討了許多因不夠了解 React 機制，而產生的錯誤以及相應的解決方法，同時也帶出了背後你需要掌握的理論基礎。

為了聚焦於特定議題，前面內容的範例往往經過了大幅簡化，也許乍看之下，並沒有太多實務價值，而本章將帶你進入一個新的階段，利用多達十道面試題目來驗證你對前面內容的掌握程度，題目全都是來自筆者在實際面試過程中碰到或是相關的概念延伸。這些題目不僅能測試你的理論知識，更能幫助你將所學應用到更貼近實際工作場景的情境中。

4.1　你說你懂 React 渲染邏輯，那試著回答這元件內部的程式碼執行順序吧！

俗話說：「凡事起頭難」，很多事情踏出去第一步後，你會發現其實也沒這麼折磨人。秉持這個精神，我們在 4.1 小節中自然也是先從暖身的題目開始，這是來自一家在台美商的面試問題，題目本身非常單純簡短，不過我認為它很好地檢視了你是否真的了解 React 的渲染邏輯，我們馬上來看看吧！

範例程式碼

URL https://codesandbox.io/p/sandbox/4-1-ni-shuo-ni-dong-reactxuan-ran-luo-ji-na-shi-zhu-hui-da-zhe-zu-jian-nei-bu-de-cheng-shi-ma-zhi-xing-shun-xu-ba-x32rsx

---

元件內部的程式碼執行順序為何？

題目說明

這次的題目在畫面上非常單純，我們只有一個按鈕與一個元素來顯示目前 count 變數的值，如圖 4-1 所示。

Count: 0

Increment

ⓘ 圖 4-1

而按鈕被點擊後，會將 count 遞增 1，並更新顯示的文字，如圖 4-2 所示。

Count: 1

Increment

ⓘ 圖 4-2

光看圖片實在是看不出什麼端倪，我們還是來看一下完整程式碼，這次從程式碼可很快看出這個題目想問你什麼鬼東西。

```
export default function App() {
  const [count, setCount] = useState(0);

  console.log("A");

  useEffect(() => {
```

```
    console.log("B");
    return () => {
      console.log("C");
    };
  }, []);

  console.log("D");

  useEffect(() => {
    console.log("E");
  });

  useEffect(() => {
    console.log("F");
  }, [count]);

  const increment = () => {
    setCount(count + 1);
  };

  return (
    <div className="container">
      <h1>Count: {count}</h1>
      <button onClick={increment}>Increment</button>
    </div>
  );
}
```

　　你可以發現程式碼中的不同地方都塞了許多個 console.log 使用，請你仔細觀察程式碼，並試著回答下列兩個問題：

1. 初次渲染（initial render）時，你在 Console 中會看到什麼樣的輸出順序？

2. 點擊按鈕後，你在 Console 中會看到什麼樣的輸出順序？

作者小叮嚀

直到現在，我還是非常喜歡這道問題，許多我們面試碰到的問題都會很有難度，但有些題目單純只是因為它程式碼較多或是考一些比較艱深的概念讓你較難回答，這個題目卻是相當精簡帶出我認為很重要的概念，可以很快看出受測者對於 React 的基本掌握程度。

解答與基本說明

作為練手，這是個很好的題目。可以測試你對 React 渲染邏輯的了解程度，正如本章一開始預告的，從這個章節開始，我們會不斷活用之前所有範例提到的概念，「可否正確應用你目前所學」就是解題的關鍵了。

要回答這個問題之前，你需要先確認一件重要的事：「這份程式碼是在什麼環境下執行的，以及是否有在 StrictMode 下」，先確認這一點之後，你才有辦法正確回答這個問題。

我們在「2.3 空的依賴陣列居然觸發了兩次」小節曾經提過這個議題，React 在 StrictMode 下，為了協助你確認是否有意料外的副作用（side effect），會執行你的 Hooks 兩次，這會讓結果與我們預期的有些不同。這類情境的確認其實是 Live Coding 面試時很重要的一部分，許多題目敘述並不會完整包含所有的資訊，你需要在動手之前，與面試官確認一些可能會影響到你作答的條件，「確認需求」也是你作為工程師很重要的職責之一。以下我們先以非 StrictMode 的前提下討論，先看一下初次渲染的情況。

✪ 初次渲染

首先，我們知道 useEffect 會在渲染畫面後執行，所以一切與 useEffect 有關的都可以先當作沒看到，最先執行的會是以下的程式碼：

```
console.log("A");
console.log("D");
```

接著我們來處理 useEffect 相關的部分，我們看一下實際的程式碼進行說明：

```
useEffect(() => {
  console.log("B");
  return () => {
    console.log("C");
  };
}, []);

useEffect(() => {
  console.log("E");
});

useEffect(() => {
  console.log("F");
}, [count]);
```

分別來看三個 useEffect 吧，我們都知道 useEffect 的回呼函數（callback）在第一次渲染時必定會執行，因此在初次渲染時會執行下方的程式碼：

```
console.log("B");
console.log("E");
console.log("F");
```

特別注意在這個時間點，印出 C 的程式碼並不會執行，因為它不屬於 callback 的一部分，而是在清除函數（cleanup function）中，目前暫時還輪不到它出場。最終你在初次渲染看到的應該會是以下的結果：

```
A
D
B
E
F
```

但口說無憑，我們實際開啟開發者工具看一下印出的結果，如圖 4-3 所示，結果完全跟我們想像的一樣。Well done！

⋂ 圖 4-3

✪ 點擊按鈕後

接著我們來處理較容易有爭議的第二個情況，也就是「點擊按鈕後程式碼執行的順序」。同步程式碼的部分還是跟剛才一樣，下方的程式碼仍會先執行：

```
console.log("A");
console.log("D");
```

這個題目的關鍵仍在於 useEffect 的處理，你需要正確了解 useEffect 中的 callback 究竟在什麼樣的情況下會重複執行。首先，你應該知道下方這組 useEffect 並不會再次執行，因為它有個空的依賴陣列（dependency array），也就是它只會在第一次渲染時執行裡面的 callback。

```
useEffect(() => {
  console.log("B");
  return () => {
```

```
    console.log("C");
  };
}, []);
```

同時，cleanup function 只會在元件卸載（unmount）或是依賴陣列的值有更新才會執行，因此這組 useEffect 中 B、C 最終都不會出現在結果中。

接著我們來看一下另外兩個 useEffect，這兩個小傢伙我們就一起解決吧！現在你知道要先看依賴陣列了。先看第一個，當沒有任何依賴陣列時，表示每次重新渲染都會執行 callback，也因此 E 每次都會被印出來。

```
useEffect(() => {
  console.log("E");
});
```

剩下一個也很單純，在依賴陣列有 count 值，表示 count 有更新時就會執行裡面的 callback，而點擊按鈕後確實會更新 count 值，讓 F 也跟著被印出來。

```
useEffect(() => {
  console.log("F");
}, [count]);
```

因此，在按鈕點擊後，最終你看到的結果是：

```
A
D
E
F
```

老樣子，口說無憑。我們開啟開發者工具來對一下答案，如圖 4-4 所示，顯示的結果並沒有讓我們失望。

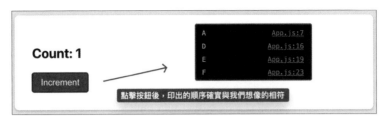

● 圖 4-4

在這道題目中，我們透過 console.log 的執行順序檢視 React 渲染的內部邏輯，了解到初次渲染與後續更新的流程。這個題目雖然看似簡單，但背後蘊含了多層次的 React 概念，不僅幫助你檢驗自己對 React 基本運作方式的掌握，也強化你對於 useEffect 與 state 更新之間的互動關係的理解，要完全正確回答，也許沒有你想像的這麼簡單。如果真的是在面試過程中碰上這類的問題，務必將每一個環節與面試官解釋清楚，大方展示你對於 React 渲染邏輯的理解吧！

 求職 Q & A

 Danny，我到現在投遞履歷後都沒收到任何回覆，你平常都是用哪一個平台進行投遞的？

 首先，當出現這樣的問題時，我覺得可能需要先思考一下你的履歷以及投遞的職缺是否真的都沒有問題，畢竟在我看來這其實算是兩個問題。「為什麼投遞履歷後沒收到回覆」這樣的提問有太多種可能性了，我們這邊就先忽略這一點，直接回答關於投遞平台的問題。一般來說，台灣主要的求職管道大概有 104、1111、518 等幾個常見的平台。

在台灣求職的話，這幾個應該是最大宗的選擇了，但我通常不會在上面進行投遞，因為我很討厭它們的制式模板（尤其是自傳部分，在我看來真的太過時了，許多人也根本誤會了那個欄位要填寫的內容），另外我覺得它們的職務選擇非常傳統，甚至沒有前端工程師可選。但我仍會開啟 104 之類的履歷，並將其他地方做的履歷連結留在上方，同時補上一些我個人的經歷總結，即便只是這樣也時不時會收到一些聯繫，不無小補。

- Yourator：一個主打新創媒合的求職平台，許多新創、甚至是部分外商的職缺都會在上面，履歷的面板近期也經過更新，算是用起來還蠻不錯的平台，若你的目標是新創公司的話，那會是個很好的選擇，不過我當時使用時覺得職缺更新較慢，選擇會稍微少一些。

- Cakeresume（現已更名為 Cake）：我個人蠻喜歡的一個平台，真有投遞的話，基本上我是在 Cakeresume 上進行居多，它的履歷模板簡單好用，同時也可以用 CSS 自己客製化，不至於做出太醜的履歷，對於求職我覺得相當夠用。上面也有許多獵頭、人資會主動出擊，我認為觸及率算相當不錯，行有餘力的話，可以填寫好完整的資料，並做一些基本的技能測試，數據上是有提高一些履歷拜訪率的。

- LinkedIn：坦白說，初次求職時，這個平台真的沒有幫到我什麼，沒有相關的經歷，要在眾多使用者中脫穎而出實在有些困難。如何經營 LinkedIn 也是一大學問，因此雖然這是我目前求職的主力，但針對第一次求職者來說，我認為優先度可以放低一些，你自然可以好好經營你的 LinkedIn 帳號，像是關注一些主題社群、不要把它當 Instagram 去發生活照等，對於未來會相當有幫助。

4.2　簡單的待辦事項工具也能拿來考？

在上一小節中，我們利用 useEffect 的觸發時機作為暖身，由於題目本身相當單純且簡短，加上你甚至不需要寫任何一行的程式碼，想必有些不夠過癮吧！放心，那已經是你在本章最後一次看戲的情況了，之後要你寫的程式碼絕不會少到哪去的。

我們在本小節中來看一個極為常見的教學、練習題，「代辦事項工具」可說是所有前端框架在教學時必定選用的範例之一，小小的應用程式可以帶出許多狀態管理的觀念，而不巧的是許多面試官也這麼認為，因此在面試的場合中，你還是有機會碰到這個問題。我們馬上來看一下你是否能隨心所欲地完成這個簡單的待辦事項工具吧！

範例程式碼

`URL` https://codesandbox.io/p/sandbox/4-2-jian-dan-de-dai-ban-shi-xiang-gong-ju-to-do-list-ye-neng-na-lai-kao-cskwvf

---

 完成一個代辦事項工具

題目說明

這次的題目是我在一個外商公司的前測中碰到的，類似 HackerRank 的單純線上測試，沒有面試官盯著，確實讓過程順利了不少，馬上來看一下這道題目吧！請你先開啟上方的範例程式碼，這是基礎檔案（starter file），以這份基礎檔案為基底，並根據以下的說明與示範截圖完成需求。

你的目標是完成一個簡單的 Todo List，你的成品必須滿足下方的檢查點：

1. 可以透過 Input 欄位新增 todo 項目（包含點擊「新增」按鈕與利用 `Enter` 鍵送出）。

2. 可以透過「刪除」按鈕移除 todo 項目。

3. 可以點擊 checkbox 切換 todo 的完成狀態。

4. 已完成的事項會被劃上刪除線（可用 <s></s> 標籤來達成）。

請參考下方的起始程式碼、示範截圖與上述的規格要求，來完成這個待辦項目工具，所有程式碼請在提供的基礎檔案中完成。

首先是起始程式碼的部分，題目已提供基本的程式碼，請儘量以現有的結構完成指定的要求，但你仍可以自由更動初始檔案，新增或移除你認為需要的程式碼。

```
function Item({ todo }) {
  return (
    <li className="todo-item">
      <label>
        <input type="checkbox" checked={todo.completed} />
        {todo.text}
      </label>
      <button className="delete-button">Delete</button>
    </li>
  );
}


function TodoList() {
  const [todos, setTodos] = useState(TODO_ITEMS);
  const handleAddTodo = () => {
    // 請在這完成新增待辦事項的邏輯
  };

  return (
    <div className="container">
      <h2>Todo List</h2>
      <ul className="todo-list">
        {todos.map((todo) => (
          <Item key={todo.id} todo={todo} />
        ))}
      </ul>
      <input type="text" placeholder="Add Todo" className="input-field" />
      <button onClick={handleAddTodo} className="add-button">
        Add
      </button>
    </div>
  );
}
```

　　這份初始檔案有著如圖 4-5 所示的畫面，畫面上的所有按鈕都暫時沒有任何功能。

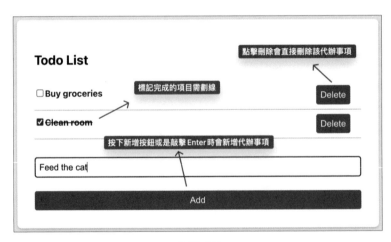

∩ 圖 4-5

　　實際上，完成畫面需要有圖 4-6 所標示的幾個點，理解後就可以開始囉！

∩ 圖 4-6

▌解答與基本說明

這個題目可以說是所有學習者都必定碰過的問題了，但坦白說面試時還是有不少人會出現一些很奇妙的錯誤，或是用了遠超預期的時間才完成，因此即便這個東西已經被各大教學跑到爛掉了，依然是個很適合做基礎測驗的題目。我已經替你處理掉起始程式碼絕大多數的部分，你需要完成的只有幾個邏輯，也就是題目要求的「新增、刪除待辦項目以及編輯完成狀態」，我們會依序處理這些需求。

✪ 第一步：待辦事項的新增

就跟所有的程式邏輯一樣，新增的部分相較於編輯或刪除，肯定是最為容易的。我們先思考一下為了管理代辦事項相關的功能，我們需要哪些 state：

1. 你會需要一個 state 來做控制，這樣你才能去修改渲染出來的代辦事項。

2. 同時你需要另一個 state 去控制 input 內的字串值。

第一點的起始程式碼中，已經很好心提供給我們了，甚至還有預設的代辦事項變數供我們使用，因此我們只要針對第二點新增一個 state，來管理 input 內的字串值即可。

```
const [todos, setTodos] = useState(TODO_ITEMS); // 將原本給的 TODO_ITEMS
作為初始值
const [newTodo, setNewTodo] = useState(""); // 用來處理新增項目的 text 值
```

別忘了你還需要將這個 newTodo 值與畫面中的 input 欄位進行綁定，也就是在使用者更新 input 欄位時，這個 newTodo 值也應該要同時被更新。請在原本的程式碼中加入 onChange 的相關程式碼：

```
<input
  type="text"
  value={newTodo} // 將 value 與我們定義的 newTodo state 綁定
```

```
  onChange={(e) => setNewTodo(e.target.value)}   // input 值更新時,同時
更新我們的 newTodo state
  placeholder="Add Todo"
  className="input-field"
/>
```

做完第一步後,todos 以及 newTodo 兩個 state 就足夠我們完成所有的需求了。下一步要處理的是「新增的邏輯」,也就是去更新 todos 這個陣列,讓它多一個元素。在 React 中更新陣列狀態的方式,我們在先前提過了,你務必做出一個新的 reference,不然 React 沒辦法觸發重新渲染的行為。你的新增功能會類似下方的寫法,當然你可以自由命名:

```
const handleAddTodo = () => {
  if (newTodo.trim() === "") return;
  const updatedTodos = [
    ...todos,
    { id: todos.length + 1, text: newTodo, completed: false },
  ];
  setTodos(updatedTodos);
  setNewTodo("");
};
```

在程式碼中,我們透過擴展運算子去建立一個新的 reference,複製原本的 todos,同時新增了一個待辦事項,其中有幾個點你需要特別注意:

1. 為了確保不必要的事件觸發,newTodo 為空值時,你不需要做任何事情,可以提前 return。

2. 觀察一下預設的待辦事項,每次新增時我們都要確保它有著 id、text 以及 completed 的值。其中 id 的部分可以先偷懶一點,不需要額外的 state 管理,用目前陣列的長度做控制即可,text 的值則是用 newTodo,而 completed 的值則預設為 false。

3. 新增後，需要將 newTodo 的值變為預設的空字串，以方便下一次新增。

這些都完成後，不要忘了將我們寫的邏輯與新增按鈕綁定。請在下方的程式碼加入我們剛完成的 handleAddTodo 函數：

```
<button onClick={handleAddTodo} className="add-button">
  Add
</button>
```

做到這邊，你會發現新增功能確實如我們所期望的運作，到這個部分整個需求已經完成了大半，不過若你仔細回頭看需求的細項，你會發現我們漏了點東西，即新增的邏輯除了按鈕點擊來增加待辦事項之外，我們同樣需要支援透過 Enter 鍵送出新的待辦事項的功能。

不過別擔心，之所以將這個部分放在後面，是因為這部分的實作相對簡單。我們已經定義好了 handleAddTodo 這個處理新增待辦事項的函數，我們只需要在 input 欄位中監聽 onKeyDown 事件，檢查是否按下了 Enter 鍵，並觸發 handleAddTodo 函數即可，甚至不需要去動到原本寫好的函數。請在原本的 input 欄位加入以下的程式碼，我們要判斷的邏輯很單純，只需要判斷使用者按下的是否為 Enter 鍵即可。

```
<input
  type="text"
  value={newTodo}
  onChange={(e) => setNewTodo(e.target.value)}
  // 加入 onKeyDown 事件處理，按下 Enter 時執行 handleAddTodo
  onKeyDown={(e) => e.key === "Enter" && handleAddTodo()}
  placeholder="Add Todo"
  className="input-field"
/>
```

 **按鍵事件處理的變遷：onKeyDown 或 onKeyUp 取代 onKeyPress**

在處理鍵盤事件時，onKeyPress 曾經是開發者常用的事件之一，特別是當我們想要偵測使用者按下某些特定按鍵（例如：Enter 鍵）時。然而，這個事件已經被標記為過時（deprecated），建議使用新的事件 onKeyDown 或 onKeyUp 來代替。

在過去，開發者常使用 onKeyPress 事件來判斷使用者按下了什麼按鍵。下方是過去常見的寫法之一：

```
<input
  type="text"
  onKeyPress={(e) => {
    if (e.key === "Enter") {
      handleAddTodo();
    }
  }}
/>
```

在這段程式碼中，onKeyPress 會在按下字元鍵（character key）時觸發，因此用來處理像 Enter 這樣的按鍵事件。然而，由於它只監聽字元鍵，對於像 Shift、Esc 這類控制鍵無法偵測，因此在某些情境下具有侷限性。由於這些侷限，onKeyPress 在最新的 HTML 規範中被標記為過時，並且在未來的瀏覽器版本中可能會被移除。

隨著 onKeyPress 的淘汰，建議使用 onKeyDown 或 onKeyUp 來取代。這兩個事件的不同之處在於：

- onKeyDown 會在按下任何鍵時立刻觸發，無論是字元鍵還是控制鍵。

- onKeyUp 會在按鍵被釋放時觸發。

通常我們會選擇 onKeyDown 來處理像 Enter 這樣的鍵盤事件，因為它會在按下按鍵的瞬間觸發，也因此我們在這次的情境中使用了 onKeyDown 的語法，你在未來接觸的程式碼中，仍可能不斷看到 onKeyPress 的使用，到時請記得它目前的情況與限制。

❂ 第二步：待辦事項的狀態更新與刪除

寫到這邊，我們幾乎已經把最複雜的部分先搞定了，剩下的更新狀態與刪除在邏輯處理上相當類似，都是需要透過掌控 state & props 來達成，實作起來一點也不困難，但我仍看過許多初學者在這個環節稍微卡了一下。

首先，你要理解渲染的部分主要都會在這個 TodoList 元件中完成，所有相關 state 都會在這元件控制。

```
<ul className="todo-list">
  {todos.map((todo) => (
    <Item
      key={todo.id}
      todo={todo}
    />
  ))}
</ul>
```

但問題是按鈕都在子元件 Item 中，為了讓這樣的狀態可以順利更新，你需要做到以下兩點：

1. 你需要將對應的函數作為 props 傳遞給子元件。

2. 同時，傳入的函數還要透過 id 來決定你是要操作原本 todos 陣列中哪一個待辦事項。

釐清這些之後，一切就容易多了，我們先修改一下 Item 元件的程式碼。我們知道要新增兩個函數 props，一個用來處理 delele、另一個用來處理 toggle 待辦事項的完成狀態。我們這邊先處理子元件 Item 的部分，新增兩個函數 props，並將其綁定在對應的元素上。

```
// TodoItem
function Item({ todo, onDelete, onToggle }) { // 在 props 部分新增 onDelete
& onToggle
  return (
    <li style={styles.li}>
      <label>
          // 在更新狀態按鈕上綁定更新事件
          <input type="checkbox" checked={todo.completed} onChange=
{onToggle} />
          {todo.text}
      </label>
      // 在刪除按鈕上綁定刪除事件
      <button style={styles.button} onClick={onDelete}>
        Delete
      </button>
    </li>
  );
}
```

接著我們回頭來修改父元件 TodoList，這邊要新增兩個函數作為 props 傳給子元件，請在原本的程式碼中新增這兩個函數，並將它們作為 props 傳給子元件 Item。

```
const handleDeleteTodo = (id) => {
  setTodos(todos.filter((todo) => todo.id !== id));
};

const handleToggleTodo = (id) => {
  setTodos(
    todos.map((todo) =>
      todo.id === id ? { ...todo, completed: !todo.completed } : todo
    )
  );
};
```

再次強調，為了讓 React 有辦法進行重新渲染，在做這類的物件 state 更新時，務必產生一個全新的 reference。在這次的程式碼中，我們用了 Array.map & Array.filter 這兩個方法，兩者都會回傳一個新的陣列，因此產生全新的 reference，讓 React 能順利重新渲染，你當然也可以用其他的方式建立新的陣列，只要注意你需要透過傳入的 id 去對 todos 陣列中的指定元素做對應的操作即可。寫完這兩個函數後，別忘了再將它們傳給 Item 元件，往下拉到渲染的部分，新增以下的程式碼：

```
<ul className="todo-list">
  {todos.map((todo) => (
    <Item
      key={todo.id}
      todo={todo}
      onDelete={() => handleDeleteTodo(todo.id)}   // 新增這個
      onToggle={() => handleToggleTodo(todo.id)}   // 還有這個
    />
  ))}
</ul>
```

你也許會覺得「這就完事了嗎」，但事實上我們確實已經達成題目的要求了，只要你能順利將更新 state 的函數作為 props 傳給子元件，後續你要寫的程式碼其實一點也不困難。

一直以來，待辦事項工具是一個熱門的教學 / 測驗的題目，這有它的道理存在，小小一個題目卻包含最常使用的 state & props 的控制與傳遞，同時也牽扯到一些條件與陣列的渲染，是個相當簡單卻實務的題目。當然，即便這個題目已經有所限制，但解法仍遠不止這一種，你在面試時的答案往往也跟面試官心中所想的有些許差異，不過只要能順利達成要求就是好的開始，通常面試官會在完成基本要求後，開始提一些新的需求，那就是另外要討論的情況了。

如果你現在沒有辦法完成這個題目，那麼我必須說你還沒有準備好要做這樣的技術面試，強烈建議你多做一點練習，這對你來說會是更好的選擇。

 求職 Q & A

 Danny，我順利收到幾個 Offer 了，我到底該選哪一個才好啊？

 這應該是我被問過最多的問題之一了，但每每遇到這種問題，我的回應都是基於同一個想法：「我並不打算為你的人生負責」，因此當你問我要不要去這家公司面試、要不要接受某個 Offer，除非是那種很明顯有貓膩的，否則這類的意見我從來不會給直接的答案。我會做的只是分析你提供的選擇，最終的決定權是掌握在你自己的手中，這才是真正不會有遺憾的選擇方式。

在選擇 Offer 時，你必須先思考自己在乎的到底是什麼，我常說每個人心中都有幾個求職想掌握的項目，每個人對於相同的項目又有不同的優先級，如上班地點、薪資待遇、團隊環境、產品面向、公司發展性、工作內容等幾個常見項目。

你在做抉擇時可以做一下排序，一定會有優先度最高的東西（對大多數人而言，都是薪資第一。我懂，這沒有什麼不對的，我自己遇到極端的情況時，也是薪資優先），有趣的是這些優先級並不是固定的，我都會形容這樣的綜合評比像是一把尺，去丈量著適合你的求職標準。隨著你自己經歷的改變、跑了更多的面試，都會有所修正，最終它可以替你做出也許不是最好、但會是最適合現在自己的選擇。

你需要儘可能去獲取情報，將幾個 Offer 根據你心中的尺去做排序。很多時候，來問我的人自己心裡早就有答案了，只是希望別人推他一把，還是那一句：「都是大人了，要學會自己做決定」，而為了做出好的決定，你需要許多的資訊，台灣軟體圈子極小，你有心的話，一定可以獲取許多能幫助你決策的資訊。祝好運！

4.3 要我寫 Tab 元件？真的假的？

先別急著吐槽標題，然後開始說我在消遣《咒術迴戰》，只是有時我很難抗拒玩一些熱門梗，也算是在我們接連不斷的練習中增添一點有趣的東西。言歸正傳，在本小節中，我們要看的一個問題也是很熱門的面試題目之一：「手刻 UI 元件」，其中又以 Tab 元件是最熱門的選擇。

我第一次是在口頭問答時，被問到如何去做出一個簡單的實踐，後來去查了一下，才發現這不是意外，確實是個不算罕見的問題，之後也在其他的面試中被問到類似的概念。我們馬上來看一下這個常見卻簡單的問題吧！

> **範例程式碼**
> URL https://codesandbox.io/p/sandbox/4-3-wo-xie-tabzu-jian-zhen-de-jia-de-ykx8k3

 寫出 Tab 元件

題目說明

首先，請觀察以下的程式碼：

```
const TABS = [
  { id: "1", title: "Tab 1", content: "Content 1" },
  { id: "2", title: "Tab 2", content: "Content 2" },
  { id: "3", title: "Tab 3", content: "Content 3" },
];
```

```
function Tab({ tabs }) {
  return (
    <div className="tab-container">
      <div className="tab-buttons">
        {/* TODO: Render buttons here based on passed tabs and manage
active state */}
      </div>
      <div className="tab-content">
        {/* TODO: Render content of active tab */}
      </div>
    </div>
  );
}


function App() {
  return (
    <div className="container">
      <h1>Simple Tab Component</h1>
      <Tab tabs={TABS} />
    </div>
  );
}
```

如你所見，這個問題非常直白。我們需要做的是在 Tab 元件中，根據使用者點擊的 Tab，切換顯示下方的內容。最初進入頁面時，應該預設選中「Tab 1」，並顯示「Content 1」；當點擊「Tab 2」時，Tab 的樣式和內容會隨之改變。圖 4-7 是預設的畫面，初始時會在「Tab 1」的畫面，並顯示「Content 1」的內容。

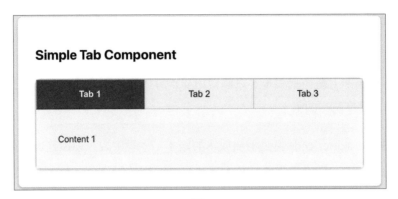

♠ 圖 4-7

　　點擊「Tab 2」後，畫面會變為圖 4-8 所示，tab active state 轉到「Tab 2」上，並顯示「Content 2」的內容。

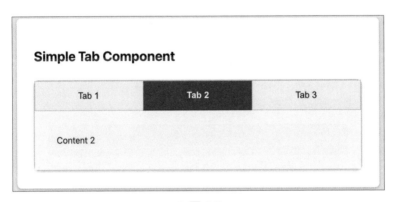

♠ 圖 4-8

　　請參考提供的起始程式碼、示範截圖以及下方的規格要求來完成這個題目：

1. 在不更動 HTML 結構的情況下，完成 Tab 切換功能。

2. 使用者選中的「Tab」按鈕需要有「active」的樣式區別（請用已經寫好的 .active class 即可）。

3. 預設顯示「Tab 1」，並顯示「Content 1」。

解答與基本說明

正如引言部分說的，這個元件不但是許多專案都必定有的基礎元件，也經常出現在面試考題中，嚴格說起來，這個題目並不算困難，但在面試的當下是否能順利寫出來，又是另一回事了。

這次提供的 starter code 算是個很放水的版本（一般來說，你還是需要自己做一些樣式的處理），你唯一需要處理的是「渲染邏輯」的部分。為了達到題目要求的效果，我們需要在 Tab 元件中引入一個 state 來追蹤目前選中的 Tab，並根據該 state 渲染相應的內容。以下是一個最基礎的解法：

```
function Tab({ tabs }) {
  const [activeTabId, setActiveTabId] = useState(tabs[0].id);

  return (
    <div className="tab-container">
      <div className="tab-buttons">
        {tabs.map((tab) => (
          <button
            key={tab.id}
            className={activeTabId === tab.id ? "active" : ""}
            onClick={() => setActiveTabId(tab.id)}
          >
            {tab.title}
          </button>
        ))}
      </div>
      <div className="tab-content">
        {tabs.map(
          (tab) =>
            activeTabId === tab.id && <div key={tab.id}>{tab.content}
</div>
        )}
```

```
      </div>
    </div>
  );
}
```

正如程式碼所示，在這個解法中，我們建立了一個 activeTabId 的 state 去控制選定的 Tab，並在渲染時判斷目前的 activeTabId 值是否為目前選中的 Tab，以此來決定是否要加入對應的 className。最後，將每個渲染出來的 Tab 綁上點擊的監聽器，每次點擊時去，透過 setActiveTabId 去更新值，達到題目要求的基本效果。

到此，基本要求已經完成，但如果只是這個樣子，我又要被人說水文章了，但相信我，我絕對沒有這個意思。實際上，這是 Live Coding 時很常見的情況，當題目要求相當簡單的時候，你就要有預期後續會有一些 follow-up questions，像是更嚴格的條件限制或是更多的延伸功能，這個 Tab 元件的問題也不例外，我們馬上來看一下後續的一些額外要求吧！

假設今天面試官突然跟你說：「這個 Tab 元件很好，不過我們希望它在某些情況下能在一定時間間隔下自動切換 Tab」，你會怎麼處理呢？現在問題就變得有趣一些了，為了達成這樣的額外需求，你通常會有一些時間跟面試官做更詳細的確認，不過這邊礙於篇幅，我們假設你只得到這些資訊。短短的一段需求描述，其實也足夠我們做一個基本的版本了，這段話有兩個重點需要注意到，這會關係到你如何去修改我們目前的元件：

1. 某些情況下。

2. 一定時間間隔下自動切換。

第一點其實透露出這是一個可控制的功能，也就是使用元件時你可以決定是否要啟用這樣的功能。你應該要預想到這是一個要傳入的 prop，這類的可選性是實務上非常常見的情境，尤其在這種相當泛用的 UI 元件，可傳入的 prop 可說是不勝枚舉。

而第二點實際上也透露了類似的資訊，由於它並沒有預設所謂的「一定時間間隔」是多久，這邊我們也另外用一個 prop 來搞定。

❈ 處理元件自動切換的邏輯

我們先處理「自動切換」的部分吧！相信我，這一點也不困難。根據我們的需求，如果只要處理自動切換的邏輯，我們只需要新增一個 prop 來控制自動切換的時間間隔，接著再利用瀏覽器提供的 setInterval，並將我們用來控制時間間隔的變數傳入，最終將這些程式碼放在一個 useEffect 中，讓我們決定呼叫 interval 的時間點就行了。

我們這邊新增一個 rotateInterval 的變數作為 prop 來控制，你也許會認為實在太簡單了。在原本 Tab 元件中新增下方的程式碼，不就行了嗎？

```javascript
function Tab({ tabs, rotateInterval = 3000 }) { // 新增一個 rotateInterval
prop 並給予 3000 毫秒的預設值
  const [activeTabId, setActiveTabId] = useState(tabs[0].id);

  useEffect(() => {
    setInterval(() => {
      setActiveTabId((prevTabId) => {
        const currentIndex = tabs.findIndex((tab) => tab.id ===
prevTabId);
        const nextIndex = (currentIndex + 1) % tabs.length;
        return tabs[nextIndex].id;
      });
    }, rotateInterval);
  }, [tabs]);

  // 下方程式碼保持不變
}
```

　　裡面更新的邏輯也相當單純，先用 findIndex 找到目前 activeTabId 對應的 Tab 在 tabs 陣列中的位置，然後計算下一個 Tab 的索引，透過 (currentIndex + 1) % tabs. length 來實現環狀的自動切換。它確保我們切換到最後一個 Tab 時，自動回傳第一個 Tab，這就實現了所謂的「循環切換」。

　　當然，你也沒有忘記在父元件中傳入這個 prop，以免它需要更快或是更慢的元件輪轉。

```
function App() {
  return (
    <div className="container">
      <h1>Simple Tab Component</h1>
      <Tab tabs={TABS} autoRotate rotateInterval={1000} />
    </div>
  );
}
```

　　至此，你的作法看似沒有太大的問題。開啟畫面後，你確實看到元件自動切換 Tab 與展示的內容，但如果你記得我們之前討論過的其中一個案例，我想你就會意識到問題在哪了：「你的作法會導致記憶體洩漏」。

　　我們在第二章中討論副作用時提到：「在 useEffect 中使用 setTimeout 與 setInterval 或是掛載監聽器時，要特別注意 clean-up function 的使用」，你務必要有個取消的辦法，免得在某些渲染的情境中（比方說，重新渲染或是反覆往返頁面時），會造成不必要的記憶體洩漏與異常的行為，回想起這一點之後，要做的改動就很簡單了，你只要稍微修改一下 useEffect 的部分即可。

```
useEffect(() => {
  const interval = setInterval(() => { // 建立一個 interval 變數來取得該
定時器的 id
    setActiveTabId((prevTabId) => {
```

```
    const currentIndex = tabs.findIndex((tab) => tab.id ===
prevTabId);
    const nextIndex = (currentIndex + 1) % tabs.length;
    return tabs[nextIndex].id;
  });
}, rotateInterval);

return () => clearInterval(interval); // 利用這個 id 清除定時器避免
memory leak
}, [tabs]);
```

這是個相當容易被人忽略的細節，但很多大問題都是這樣小小的錯誤堆積而成的。最麻煩的部分完成後，接著我們只要再處理這個功能的開關即可。我們仍然得再加上一個新的 prop，來控制整個行為是否要發生，你需要再對元件本身與 useEffect 的內容小小動個一刀。

```
function Tab({ tabs, rotateInterval = 3000, autoRoate = false }) { //
新增一個 autoRotate 來控制此功能是否開啟
  const [activeTabId, setActiveTabId] = useState(tabs[0].id);

  useEffect(() => {
  if (!autoRotate) return; // 利用 autoRotate 判斷是否要執行定時器的邏輯
  // interval 與 cleanup function 程式碼不變
  }, [tabs]);

  // 下方程式碼保持不變
}
```

這麼一來，一切就功能圓滿了，你可以在使用這個元件時，根據情況決定這個功能是否需要開啟。至此，我們已經完成了一個可以實際執行且滿足多種需求的 Tab 元件。不僅能處理基礎的 Tab 切換邏輯，我們還延伸出「自動切換」這樣的可選功能。然而，這個小小的 Tab 元件只是冰山一角，在真實的專案中，這類 UI 元件往往會面臨更多的挑戰。

無論是面試中還是實際開發中，你都需要根據具體的業務需求做出相應的設計決策。像這樣的基礎元件，當功能不斷擴展時，你會發現細節和邏輯會越來越多，因此在寫這些看似簡單的功能時，請務必記得結構的可擴展性、效能優化、以及程式碼的可維護性，才是我們開發中需要不斷追求的核心價值。

最後，不妨再練習一下自己動手擴展這個 Tab 元件，看看還有哪些有趣的功能可以加入，這部分你可以參考目前這類元件常見的 prop，去思考若是你會如何實踐或是挑戰一些更嚴格的需求。畢竟，面試官的 follow-up 問題永遠不會那麼輕鬆結束。

 求職 Q & A

 Danny，我在談 Offer 時，對方都會跟我說：「他們公司保證多少個月年終」，這種事情是真的嗎？

這類的問題也很常見，並不只適用於工程師求職而已。我的經驗是：「只要不是白紙黑字寫下的東西就當作沒有」，也就是說，沒寫在合約內的東西，你並不應該全盤相信。同樣的，在沒有真的收到 Offer 前也不要太興奮，這年頭連寫好的 Offer 都能單方面毀約，更何況很多人只是「口頭」收到 Offer。你或許會覺得這樣把世界想得太悲觀了一些，但我認為凡事應該要小心一點。

與其聽 HR 單方面的說明，不如試著去找實際有在該公司工作的朋友問問情況，台灣的軟體工程師圈子真的非常小，你願意的話幾乎都會有相應的資訊可以取得，「窮盡你手邊一切可利用的資源，去協助你做最後的決策」，會是我比較推薦的作法。

4.4 現場寫一個 Custom Hook 是能有多難？

前幾個小節中，我們做的都是單一元件的實踐，相信那樣的問題對大部分人來說，都不會太難。而現在我們要來看一個在實務開發中非常常見的情境：「撰寫 Custom Hook」。

假如你曾參與過任何一個稍微有點規模的專案，某些常見的邏輯勢必得不斷重複，常見的案例像是資料請求、翻譯的套用、裝置或視窗大小的偵測等，這些邏輯通常會在許多的元件中重複使用，如何抽取這樣的程式碼，並包裝成可以用在所有 React 元件中的函數，便是一個 React 開發者無法繞過的問題。聽起來也許很嚇人，但實際上這並不是什麼妖魔鬼怪，透過這個例子，相信你之後對於寫 Custom Hook，便可以用更輕鬆的態度應對了。

範例程式碼

URL https://codesandbox.io/p/sandbox/4-4-xian-chang-xie-yi-ge-custom-hooksshi-neng-you-duo-nan-56n774

寫出一個 Custom Hook

題目說明

今天你要做的事情非常單純，請觀察圖 4-9。

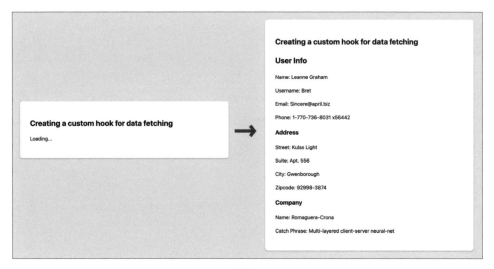

⋒ 圖 4-9

這是一個相當簡單的畫面，在經過短暫的讀取後，畫面顯示了該使用者相關的詳細資訊，程式碼並沒有任何問題，畫面的結果也完全符合預期，唯一的小問題是這樣資料請求的行為需要在許多頁面中使用，因此你需要抽出相關的邏輯，並包裝成 Custom Hook，方便你在其他元件中使用。請觀察下方的範例程式碼後，完成這樣的封裝，你所建立的 Custom Hook 應滿足以下的條件：

1. Hook 的名稱叫做「useFetch」。

2. 該 Hook 應回傳 isLoading、data 及 error 等值（回傳的格式不限定）。

3. 無須使用任何 packages，請延伸範例程式碼完成需求即可。

4. 請勿改變 render 部分的程式碼，僅封裝請求相關的邏輯。

5. 你的 Custom Hook 會接受一個 url 作為參數。

```
function App() {
  const [data, setData] = useState(null);
  const [loading, setLoading] = useState(true);
  const [error, setError] = useState(null);
  const url = "https://jsonplaceholder.typicode.com/users/1";
```

```
useEffect(() => {
  const fetchData = async () => {
    setLoading(true);
    try {
      const response = await fetch(url);
      const result = await response.json();
      setData(result);
    } catch (err) {
      setError(err);
    } finally {
      setLoading(false);
    }
  };
  fetchData();
}, [url]);

return (
  // 渲染的邏輯省略，反正你也不需更動這部分
);
}
```

 **React 觀念補充**　　**Custom Hook 是什麼？為什麼需要 Custom Hook？**

在 React 中，Hook 是一個強大的工具，讓我們能夠在 functional component 中使用 state 以及其他 React 功能。你可能對 useState、useEffect 這些內建的 Hook 已經相當熟悉，但當某些邏輯需要在多個元件間重複使用時，這時就需要用到 Custom Hook。

以下是一個簡短的介紹，若想要了解更細項的說明，我會推薦可以配合官方文件中的範例（ URL https://react.dev/learn/reusing-logic-with-custom-hooks ）做更全面的了解。Custom Hook 的主要目的是邏輯的抽象與重用，像是這個範例中的 API 資料請求、其他表單處理、事件處理等。與其每次都在不同的元件中複製相同的邏輯，不如將這些邏輯抽象成一個 Custom Hook，這樣就能保持程式碼的整潔、簡潔，並提高維護性。

Custom Hook 本質上就是一個普通的 JavaScript 函數。它的命名規則是以 use 開頭，並且它能夠使用其他的 Hook（例如：useState 或 useEffect）。這也是 Custom Hook 和普通函數的區別所在：「它依然遵循 React 的 Hook 規則」。在這個條件下，Custom Hook 的設計應該遵循以下幾個原則：

- 命名規則：所有的 Custom Hook 都必須以 use 開頭，這是 React 的一個約定，確保 React 能識別出這些是 Hook 函數，並能正確追蹤它們的狀態。

- 遵循 Hook 規則：Custom Hook 依然要遵循 Hook 規則，也就是說，你不能在條件語句或迴圈中使用 Hook，也不能在普通函數內部呼叫 Hook。

- 可與其他 Hook 的互動：Custom Hook 的強大之處在於它可以組合、甚至封裝其他的 Hook。它可以使用 useState、useEffect 等內建 Hook 來完成一些功能，但同時保持著和其他普通函數一樣的特性，這意味著 Custom Hook 依然可以回傳任何資料，無論是值還是函數。

解答與基本說明

題目看起來並不複雜，甚至可以說是非常基礎的要求。目標是把 fetch 資料的邏輯從元件中抽離出來，放進一個 Custom Hook 中。這樣的設計會使你的元件更加簡潔、直觀，同時具備良好的複用性與可維護性。

我們會建立一個新的 useFetch Hook，它會處理所有資料請求的邏輯，包括：

1. 設定請求的 loading 狀態。

2. 處理資料取得成功或失敗的情境。

3. 回傳取得的資料、錯誤訊息以及 loading 狀態。

聽起來似乎有很多事情要你做，但實際上要你做的事情並不多，你幾乎只要把所有相關的邏輯放進一個新建立的函數即可，這也是這次範例要表達的一大重點：「Custom Hook 不過就是一個普通的函數罷了」，真的沒必要太抗拒。下方的程式碼便是其中一個簡單的實踐方式：

```javascript
import { useState, useEffect } from 'react';

export const useFetch = (url) => {
  const [data, setData] = useState(null);
  const [loading, setLoading] = useState(true);
  const [error, setError] = useState(null);

  useEffect(() => {
    const fetchData = async () => {
      setLoading(true);
      try {
        const response = await fetch(url);
        const result = await response.json();
        setData(result);
      } catch (err) {
        setError(err);
      } finally {
        setLoading(false);
      }
    };

    fetchData();
  }, [url]);

  return { data, loading, error };
};
```

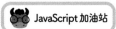 **讓錯誤處理更優雅**

在寫非同步請求的邏輯時,我們經常會碰到各種錯誤,而這些錯誤可能來自於網路不穩、API 端錯誤或是資料格式不正確。在這個例子中,我們透過 try-catch 來處理這些可能的錯誤,並將錯誤訊息存入 error state 中。這樣的作法讓我們能在 UI 上清楚展示錯誤訊息,避免出現空白畫面或未處理的異常情況。當你寫更複雜的應用時,良好的錯誤處理機制會讓你的程式碼更加健壯,進而提升使用者體驗。

　　這裡沒有做什麼特別的事情，基本上是把資料請求的邏輯搬到 useFetch 中。唯一要特別注意的是回傳的部分，你可以選擇用物件或陣列來回傳結果，而在這個例子中，我們選擇回傳一個物件，這樣可以讓我們在解構時更直觀。

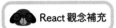 **在 useEffect 中使用 async function 的常見模式**

在 React 開發中，「資料請求」是常見的需求，而我們通常會使用 async 和 await 來處理這類異步操作。然而，由於 useEffect 期望的是一個同步函數，我們不能直接將 async 函數作為 useEffect 的 callback，那麼我們該如何在 useEffect 中處理異步邏輯呢？

通常的解決方法是像範例程式碼所用的寫法，在 useEffect 內部定義一個 async 函數，然後立即呼叫它，這樣既能保持 useEffect 函數的同步性，也能使用 async/await 來處理異步邏輯。

　　接著，我們在 App 元件中引入這個 Custom Hook：

```
import { useFetch } from "./useFetch"; // 引入我們寫入的 Hook

function App() {
  const url = "https://jsonplaceholder.typicode.com/users/1";
  const { data, loading, error } = useFetch(url);// 使用 Hook 回傳的資料

  return (
    // 渲染的部分完全不需要更動
  );
}
```

　　如圖 4-10 所示，你可以看到渲染的結果與之前完全一致，但在元件中的程式碼顯得乾淨不少。即便你看起來只是在做搬運工，但想像一下這樣的邏輯會在無數個頁面中不斷重複，那麼做這樣的抽離就顯得有意義多了。

Creating a custom hook for data fetching

User Info

Name: Leanne Graham

Username: Bret

Email: Sincere@april.biz

Phone: 1-770-736-8031 x56442

Address

> 渲染的結果並無二致，但組件內的程式碼卻簡潔了些！

Street: Kulas Light

Suite: Apt. 556

City: Gwenborough

Zipcode: 92998-3874

Company

Name: Romaguera-Crona

Catch Phrase: Multi-layered client-server neural-net

⋒ 圖 4-10

到此為止，我們這次的需求就完美達成了，內容非常簡單對吧！但現實就是許多人對於 Custom Hook 有著很深的誤解，以為這是很困難的東西，希望透過本小節的練習，讓你對撰寫 Custom Hook 感到更自在一些。

在實際面試中，你要封裝的也許會是更複雜的東西或是增加一些額外的需求，以這個例子來說，其實就有許多不同的延伸，你可以思考一下若是你遇到這些問題，該怎麼去修改我們的範例來達到這樣的要求。以下是這類 Hook 常見的延伸需求：

1. **處理多個 API 請求**：假設有多個資料來源，你能修改 useFetch Hook，讓它支援多個 API 同時請求並回傳結果嗎？

2. **取消進行中的請求**：當使用者快速切換頁面或發送多個請求時，如何取消未完成的請求，避免資源浪費與記憶體洩漏？

3. **實作快取機制**：你能為 useFetch 增加簡單的快取（cache）功能，避免重複請求相同的資料，達到減少多次重複請求，提高效能的目的嗎？

4. **支援 POST 或其他 HTTP 動詞**：你能修改 useFetch 來支援 POST、PUT、DELETE 等請求，並能接受資料作為參數嗎？

　　這些都是相當常見的延伸問題，我自己就在面試中碰過第二個、第三個問題，這些問題將會進一步檢視你對於 React 和 Custom Hook 的理解，並挑戰你如何在更複雜的情境中管理資料請求。如果你能順利解決這些問題，那麼你對於 React 開發中常見的實務需求，已經掌握得相當不錯了，相信在面試中遇到，也不至於讓你毫無分寸。

😎 **求職 Q & A**

 Danny，收到 Offer 之後，對方有先問我可以上工的時間，但我還有其他面試過程正在進行中，這該怎麼辦呢？

 很好，這也是很實在的問題，我是覺得這種問題並沒有所謂的標準答案，但我可以分享我自己的回答模式。

就像我之前有提到的，我認為求職是一種雙向的概念，求職者並沒有必要將自己的地位放太低，很多需求都是可以討論的，那種要你下週馬上上班的公司，我反而覺得是一種不尊重，因為這很明顯並沒有考慮到你的需求。

一般來說，我都會老實回答自己目前的面試進度，並告知面試流程大致什麼時候結束，在那之後就會正式考慮要接受哪一份 Offer，從接受 Offer 到上工，會需要 1~2 週的時間（搬家、雜事處理之類的，可以隨自己的需求拉長 / 縮短時間）。

也許你會覺得公司不可能願意等你這麼久，畢竟在某些企業可能是這樣吧！但面試一個工程師，需要花費相當高的時間成本，且求職者同時有幾個面試在跑，也是極為正常的事情，比起這短短的等待時間，重新面試人選反倒是更不划算的選擇，願意尊重員工的公司，我想在這方面都是比較好溝通的，就放心地提出你的要求吧！老實、誠懇是你的好幫手，再次強調你並不需要把自己姿態放很低，需求是互相的。

4.5 寫一個簡單的分頁來應付大量資料呈現吧！

在上一小節中，我們透過了一個資料請求邏輯的封裝，帶出了 Custom Hook 的觀念，並替它除了一些惡名。在本小節中，我們將目光轉向另一個常見的前端需求：「分頁」（Pagination），這是一個在處理大量資料時非常實用的功能，特別是當你的應用程式需要展示大量資料，但又不想一次性載入全部資料的情況。

「分頁」（Pagination）可以幫助我們分批顯示資料，並透過使用者的一些互動操作（例如：點擊「下一頁」、「上一頁」按鈕）來瀏覽不同的資料頁面，這個需求在實務開發中非常常見，也是許多前端面試中熱門的考題之一，讓我們開始吧！

範例程式碼

URL https://codesandbox.io/p/sandbox/4-5-xie-yi-ge-jian-dan-de-fen-ye-pagination-lai-ying-fu-da-liang-zi-liao-cheng-xian-ba-5hq7vt

寫出一個簡單的分頁

題目說明

這次的題目要求你實踐一個簡單的分頁功能，你需要透過向模擬的 API 請求資料，並渲染在畫面上，每頁除了渲染出指定的資料外，下方需要有「上一頁」與「下一頁」的按鈕，讓使用者能在不同頁面中切換顯示的資料，完成的畫面如圖 4-11 所示。

Implement Simple Pagination

User List

> 渲染出對應頁面的資料

| Alice |
| Bob |
| Charlie |
| David |
| Eva |

Previous　Next　→ 向前或向後沒有資料時，按鈕要做對應的處理

∩ 圖 4-11

同時，在讀取過程中會有「Loading…」的字樣，讓使用者有更好的體驗，如圖 4-12 所示。

🎧 圖 4-12

畫面的結構其實相當單純，下方是這次的範例程式碼，作為你的起手式：

```
import { fetchUsers } from "./api.js";
import "./styles.css";

function App() {
  return (
    <div className="container">
      <h1>Implement Simple Pagination</h1>
      <h2>User List</h2>
      <button>Previous</button>
      <button>Next</button>
    </div>
  );
}

export default App;
```

其中，這個 fetchUsers 函數是用來模擬資料請求行為所寫的一個 promise，我們稍微來看看裡面的邏輯。

```
const fetchUsers = (page) => {
  const allUsers = [
```

```
    { id: 1, name: "Alice", age: 28 },
    // 更多使用者資料 ...
  ];

  const startIdx = (page - 1) * 5;
  const endIdx = startIdx + 5;

  return new Promise((resolve) => {
    setTimeout(() => {
      const hasMore = endIdx < allUsers.length;
      resolve({ users: allUsers.slice(startIdx, endIdx), hasMore });
    }, 1000);
  });
};
```

這是一個相當簡單的函數，它會接受一個 page 參數，並最終回傳以下兩個值，讓你在這次的實作中使用：

1. users：一個含有該頁使用者資料的陣列（預設是一頁五個使用者）。

2. hasMore：一個布林值用來判斷是否後續還有更多資料。

這樣的實作方式也是針對這類需求很常見的 api 格式（當然可傳入的參數更多就是了），你需要透過完成範例程式碼，並符合以下的指定規格完成這個問題：

1. 請使用題目提供的 fetchUsers 函數做資料請求，它會接受一個 page 參數，並回傳對應頁面的使用者資料以及是否有更多資料，請勿更動任何函數相關的程式碼。

2. 分頁按鈕「Previous」與「Next」用來切換頁面，並在切換時正確渲染相應的資料。

3. 當資料在載入時，應顯示「Loading...」的字樣。

4. 必須根據目前頁面禁用相應的按鈕：如在第一頁時，應禁用「Previous」按鈕；沒有更多資料時，應禁用「Next」按鈕。禁用的樣式已經預先寫好，你只需要控制 button 的 disabled 屬性即可。

作者小叮嚀

我之前分享這些我在面試時碰到的問題時，不止一次被質疑問題的真實性，因為看起來這些問題都非常簡單、不需要寫太多程式碼，而我又說碰到這些問題的場合都是在跑外商面試時，感覺上應該不可能考這麼簡單。

確實這是合理的懷疑，畢竟包含我在內的有些人，對外商有著一層模糊的憧憬，覺得一定有更優秀、更好的待遇以及更困難的題目，但實際上不同公司之間必定存在著許多的差異，外商當然也不例外。即便在某些層面上（例如：文化或招募流程），他們與本土企業有差異，這也不表示外商一定比較優秀，自然也不表示他們的面試一定會難到往死裡考，所以不要被這虛渺的標籤嚇到自己，有什麼想挑戰的外商公司都可以放膽去試試看。

另一個層面則是這種 React Live Coding 的考試（這裡指的自然不是傳統的 Leetcode 白板題）需要考慮不同面試者解題的情況，在限定的時間下，若一開始就把題目弄得過於複雜，反而很難讓面試流程繼續進行下去。我碰到的情況都是先從最基本的要求開始，配合剩餘的時間與你完成的進度，繼續去做後續的問題延伸，因此一開始的題目比較簡單，是非常正常的。

▍解答與基本說明

這又是一個實務上極為常見的需求，就像本小節開頭曾提到過的，「分頁」在呈現大量資料時，是相當熱門的解決方案之一，與「無限捲動」（Infinite scrolling）算是這類情境中最受歡迎的兩個解決方案。

光看到那少不啦嘰的範例程式碼以及最終需要呈現的畫面，你可能會有點慌，想說怎麼難度一下跳了這麼多，但分頁的實作其實並不困難，只需要根據頁面數量來控制資料的請求和渲染。我們可以用四個 state 來完成這個功能：

1. users：一個陣列用來儲存目前頁面的使用者資料，預設為一個空陣列。

2. page：一個數字用來追蹤目前是第幾頁，預設為第一頁。

3. loading：一個布林值用來決定是否展示「Loading...」，預設為 false。

4. hasMore：另一個布林值用來控制是否還有更多資料，來決定「下一頁」按鈕
是否需要禁用，預設為 true。

```
const [users, setUsers] = useState([]);
const [page, setPage] = useState(1);
const [loading, setLoading] = useState(false);
const [hasMore, setHasMore] = useState(true);
```

　　接著就實際資料請求的部分，根據題目的要求，我們需要用指定的函數去做資
料請求，我們也從題目的說明知道最終它會回傳兩個值讓我們使用，分別是 users
與 hasMore。不要被函數內其他的實作細節搞混了，你並不需要去在乎 allUsers、
startIdx 以及 endIdx 這些鬼玩意，你只要知道最終你會拿到 users 及 hasMore 這兩
個欄位，這麼一來，你就可以在請求後知道怎麼去設定那些 state 了。加入請求資
料的 useEffect 後，我們可以根據 page 的變化去請求對應的資料，你的 useEffect 應
該會與下方的寫法很接近：

```
useEffect(() => { // 加入請求資料的 effect
  setLoading(true); // 請求資料時先更新 loading 的 state
  fetchUsers(page).then((data) => {
    // 請求資料後更新對應的 state
    setUsers(data.users);
    setLoading(false);
    setHasMore(data.hasMore);
  });
}, [page]);
```

　　當然，你可以採用我們上一小節中介紹過的 async 寫法，也可以再額外加入 try-
catch 的錯誤處理，這樣的基本款有很多的修改空間，但足夠我們完成這個需求了。

現在我們有資料也有 loading 值可以使用，那就可以先處理掉一部分的渲染邏輯，這邊我們需要用到條件渲染，去決定到底要顯示「Loading…」還是取得的使用者資料，這些都是我們之前做過的玩意，想必難不倒你，記得在渲染使用者資料時加上獨特 key 值就行了。

```
function App() {
  // state 管理的程式碼不需更動

  // useEffect 的程式碼也不需更動
  return (
    <div className="container">
      <h1>Implement Simple Pagination</h1>
      <h2>User List</h2>
      {loading ? ( // 利用 users 以及 loading 兩個 state 完成這部分的渲染
        <p>Loading...</p>
      ) : (
        <ul>
          {users.map((user) => (
            <li key={user.id}>{user.name}</li>
          ))}
        </ul>
      )}
      // button 相關的邏輯先不用更動
    </div>
  );
}
```

到這邊，先檢查一下實際的渲染行為，你應該會看到如圖 4-13 所呈現的畫面，使用者資料確實有被渲染，過程中也有看到「Loading」的字樣，只是按鈕沒有功能、也沒有對應的 disabled 樣式。

🎧 圖 4-13

　　剩最後一些步驟了。我們透過題目的說明可以知道，除了初次載入頁面時，真正決定資料請求的邏輯其實是綁在兩個按鈕上，因此我們需要在兩個按鈕掛上對應的 onClick handler，點擊時要根據情況更新 page 值，讓上方的 useEffect 知道要重新請求新的資料，同時你也要加入正確的邏輯，讓按鈕在特定情況下是 disabled 的，最終你需要在按鈕部分加上對應的邏輯處理。

```
function App() {
  // state 管理的程式碼不需更動

  // useEffect 的程式碼也不需更動

  return (
    <div className="container">
      <h1>Implement Simple Pagination</h1>
      <h2>User List</h2>
```

```
     // 條件渲染的部分不需更動

     <button disabled={page === 1} onClick={() => setPage(page - 1)}>
       Previous
     </button>
     <button disabled={!hasMore} onClick={() => setPage(page + 1)}>
       Next
     </button>
   </div>
  );
}
```

在按鈕部分，我們加上了以下的邏輯：

1. 針對第一頁與最後一頁（也就是資料回傳時沒有更多資料）的情況，利用這兩個條件去控制按鈕的 disabled 值。

2. 在「前一頁」與「下一頁」的按鈕分別綁上對應的 setPage 函數，藉由正確的更新頁數去重新觸發資料請求，最終更新頁面。

至此我們就完成這個題目要求的需求了，本小節中我們看了一個簡單的分頁實作，雖然實務上的實作往往會包含更多的邏輯進去，但這個示範應該足夠你應付初階工程師等級的面試問題了。

雖然我們這次提供的範例程式碼極為簡短，讓問題看似變得較為難搞，但實際的作法仍稱不上多困難，一切的關鍵其實都在一開始的狀態規劃，你需要透過觀察題目的規格以及提供的函數去做狀態管理，只要你有好好觀察題目給出的資訊，你大致上會很清楚需要哪一些 state 來達到你要的效果，當這些 state 列出來之後，後續你要做的處理就會相對簡單許多。

如果你能輕鬆完成這個題目，那恭喜你在基本的 React 應用上已經沒有太大的問題了，行有餘力的話，也可以試著思考一些延伸需求，像是在資料量更大時，如何做效能優化或是如何改為無限捲動的實踐等，也都是在面試或實務上會遇到的情境。

 求職 Q & A

 Danny，我現在幸運收到兩份 Offer，一份待遇較差但團隊感覺很優秀，另一份則是剛好相反，我該怎麼選擇啊？

這也算是很常見的情況，要完美符合你所有條件的工作機會需要一點運氣，一般來說，你很常需要做一點取捨，但就如我之前說過的，這種問題關係到你自己的人生決定，我並不會給直接的答案，記得我們之前提過的尺嗎？你需要按照自己對於工作的期待去做排序，仔細思考現在對你來說最重要的到底是什麼，最終你應該會有比較明確的答案。

理性上是這樣講，我自己也是很清楚金錢的誘惑有多大，今天一個 junior 職缺跟你說「年薪 100，你幹不幹？」，想必多數人的直覺反應都是「幹！」，這我完全可以理解，畢竟追求更好的待遇是絕大多數人的願望，因此有一些手法是你可以參考的。在求職時，尤其是軟體業求職有一種叫做「Competing Offer」的概念，意指你拿其他公司開的 Offer 去做議價的操作，若你真的很喜歡薪水稍低的那份工作，可以主動向 HR 透露你的意願與目前的情況，也是有不少人藉由這樣的方式成功談到自己滿意的結果。不過還是那老話一句，務必老實為上，不要落得兩邊不討好、最終打水漂的情況，這麼一來，一切又得重來囉！

4.6　點擊畫面後新增表情符號，也算是 React 面試題？（Part I）

在上一小節中，我們做了一個簡單的「分頁」（pagination）範例，模擬了大量資料呈現的處理。在本小節中，我們將挑戰一個稍特別的題目，它並不是一個實務上真的會碰到的情況，卻是我之前在面試一家矽谷新創團隊碰到的面試題，當下覺得非常有趣，回頭搜尋一下，發現其他公司也出過類似的題目，於是一直把這個問題收藏在我的面試問題集裡。我們馬上來看一下這個看似很奇妙的面試問題吧！

範例程式碼

URL https://codesandbox.io/p/sandbox/4-6-dian-ji-hua-mian-xin-zeng-emojiye-suan-reactmian-shi-ti-part-i-7qnw63

 完成點擊畫面後生成表情符號（Part I）

題目說明

我們先看一下起始的範例程式碼，配合程式碼進行需求說明會簡單一些。

```
function App() {
  const fruitEmojis = ["🍎", "🍋", "🍇", "🍉", "🍓"];

  return (
    <div className="container">
      <h1>Click to add a fruit emoji 🍎🍋🍇</h1>
      {/* Display your emojis */}
    </div>
  );
}

export default App;
```

同時，也有一些預先寫好的樣式來協助你完成這個題目，特別需要注意的是 container class 已經替你寫好 relative 的樣式了，你不用為了達成題目要求，而修改預先寫好的樣式檔案。

```css
.container {
  max-width: 600px;
  margin: 2rem auto;
  padding: 2rem;
  background-color: #ffffff;
  border-radius: 8px;
  box-shadow: 0 2px 4px rgba(0, 0, 0, 0.1);
  width: 100vw;
  height: 50vh;
  position: relative; /* 已經替你先寫好 relative */
}

.emoji {
  height: 24px;
  width: 24px;
  display: grid;
  place-items: center;
  user-select: none;
}
```

範例程式碼呈現出的畫面，如圖 4-14 所示，會是一個標題配上一片空白的內容。

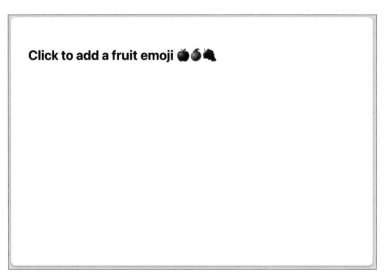

♫ 圖 4-14

隨意在空白處點擊數次後，便會從預先定義的 fruitEmojis 陣列中，隨機取一個水果表情符號呈現在畫面上，如圖 4-15 所示。

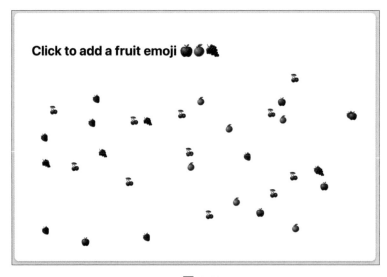

♫ 圖 4-15

　　我們的任務是實現一個功能，當使用者在頁面上點擊任意位置時，會在點擊位置生成一個表情符號（Emoji）。具體要求如下：

1. 每次點擊時，從表情符號列表中隨機選取一個表情符號，該陣列不需做任何更動。

2. Emoji 的樣式須遵守已提供的樣式規則，且不可移除 CSS 中的任何樣式設定。

3. Emoji 元素的格式必須是：<span role="img" className="emoji"> 某個 Emoji</span>。

4. 過程中，你可以使用 event.clientX 和 event.clientY 來獲取使用者的點擊位置，並配合「position: absolute」，將表情符號渲染到指定的位置。

解答與基本說明

　　相較於目前為止討論的問題，這真的是一個有趣的題目，即便可能實務價值較低，但仍考驗著你對於 React 基本功的綜合應用。在題目的描述上，我是忠實呈現當時被問的情境，唯一的差別在於我給予你們更多的提示，以便加快速度。

　　首先，要做到這樣的效果，我們「勢必需要一個 state 管理所有產生的表情符號」，其實這句話不一定正確，你大可以直接在畫面加上表情符號，而不用任何的 state 管理，但這樣後續要操作這些產生的表情符號時，難度就提高了不少。

　　你大概可以猜到我們最終需要一個陣列，並配合 map 方法渲染出所有的表情符號，最好還另外做一個獨立的 Emoji 元件，那麼我們必須釐清要渲染一個表情符號，有哪些元素是必備的，這些會作為 prop 傳入該 Emoji 元件。這部分其實透過題目的說明，你應該很好想像你至少需要以下的值作為 prop：

1. 使用者點擊的 x 座標。

2. 使用者點擊的 y 座標。

3. 一個獨特的 id。

4. 是哪個表情符號。

　　思考到這步之後，你的 Emoji 元件就呼之欲出了，有了 x 和 y 座標，接著我們只要配合「position: 'absolute'」，就可以輕易讓表情符號出現在我們點擊的位置。我們先試著完成這個 Emoji 元件，以下是其中一種寫法，你當然可以採用其他的寫法，只要注意滿足題目所有提到的規格即可。

```
const Emoji = ({ x, y, emoji }) => (
  <span
    className="emoji"
    role="img"
    style={{
      position: "absolute",
      left: `${x}px`,
      top: `${y}px`,
    }}
  >
    {emoji}
  </span>
);
```

　　由於位置是動態決定的，我們並不能預先在 CSS 檔案中寫好每個元素需要的位置，因此我們這邊需要透過 style 物件去做 inline-style 的設定，該物件設定了 left 和 top 的屬性，這兩個值分別來自於使用者點擊的位置 x 和配合「position: absolute」，這樣可以確保表情符號會根據點擊的位置，顯示在網頁中的任意地方。

　　接著我們回到 App 元件，我們需要撰寫與這些 prop 相關的邏輯，最明白的一步自然是先建立管理所有表情符號的 state 以及處理點擊畫面時的函數。請先在 App 元件中加入以下的程式碼：

```
function App() {
  const [emojis, setEmojis] = useState([]);  // 用來儲存所有生成的 emoji
  const fruitEmojis = ["🍎", "🍊", "🍇", "🍓", "🐚"];
```

```
  // 處理點擊事件
  const handleClick = (e) => {
    const x = e.clientX;  // 獲取點擊位置的 X 座標
    const y = e.clientY;  // 獲取點擊位置的 Y 座標
    const randomEmoji = fruitEmojis[Math.floor(Math.random() *
fruitEmojis.length)];  // 隨機選一個 emoji
    setEmojis((prevEmojis) => [
      ...prevEmojis,  // 保留先前的 emoji
      { id: Date.now(), x, y, emoji: randomEmoji }  // 新增一個帶有唯一
id 的 emoji 物件
    ]);
  };
  // 下方的部分先省略
}
```

處理點擊事件的 handleClick 函數其實比你預想得簡單，有了題目的提示，我們知道可以透過 e.clientX 和 e.clientY 取得使用者點擊的位置，這就是我們要傳給 Emoji 元件的 x 和 y 的值。隨機表情符號的部分，則是可以透過老方法 Math. random，配合陣列的長度取得隨機一個表情符號；最後則是獨特 id 的處理，我這邊採用最簡單的時間戳（timestamp）的作法，取得一個唯一值。透過 id，我們之後才可以對指定的表情符號做操作，雖然現在還沒有這樣的需求，但有備無患嘛。

這些都完成後，我們就可以去處理最後渲染的部分了。在這一步中，我們將目前所做的整合在一起，大致上會需要做到以下幾件事情：

1. 在最外層的 container 元素上，綁上我們寫好的 handleClick 函數，讓在該元素內的點擊可以產生表情符號，並更新我們的 emojis 陣列。

2. 利用 emojis 陣列配合 Emoji 元件，渲染出所有的表情符號，將每個表情符號的值都傳入每一個 Emoji 元件。

下方的程式碼便是其中一種寫法，你會再次發現其實整件事並沒有看起來這麼困難：

```
// 上方的程式碼省略
return (
  <div className="container" onClick={handleClick}> // 將容器綁上
handleClick 函數
    <h1>Click to add a fruit emoji 🍎🍐🍇</h1>
    // 利用 emojis 陣列渲染每一個水果表情符號，並將所有需要的 prop 傳給 Emoji
元件
    {emojis.map((emojiObj) => (
      <Emoji
        key={emojiObj.id}
        x={emojiObj.x}
        y={emojiObj.y}
        emoji={emojiObj.emoji}
      />
    ))}
  </div>
);
```

做到這一步，功能面上已經達成了。不過，你會發現一個小小的瑕疵，當你透過滑鼠點擊 container 容器內部時，你會發現雖然順利新增了水果表情符號在畫面上，但渲染的位置卻與你點擊的部分有些許差異，表情符號會出現在點擊處的右下角，而非點擊處，如圖 4-16 所示。

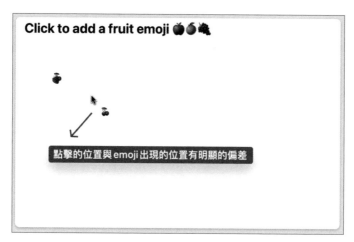

∩ 圖 4-16

　　這主要是因為我們根據使用者點擊的位置來抓 x 和 y 座標，抓到點後會從左上角放置該表情符號，這麼一來，最終呈現的位置就會受到表情符號本身的長寬影響，導致看起來有些落差，因此你需要對展示的位置做一些微調。以這個題目為例，根據一開始設定的表情符號長寬，下方是其中一種可行的調整：

```
const Emoji = ({ x, y, emoji }) => (
  <span
    className="emoji"
    role="img"
    style={{
      position: "absolute",
      left: `${x - 24}px`,  // 微調 x 座標，使表情符號居中
      top: `${y - 24}px`     // 微調 y 座標，使表情符號居中
    }}
  >
    {emoji}
  </span>
);
```

套用以上的改動，你會發現點擊的行為看起來正常許多了，但由於只是針對表情符號容器而非表情符號本身調整，實際上點擊的行為還是會有一些偏差。這部分完全看你 UI 的需求，若你需要讓產生的表情符號完全在正中央，那麼你就得多下一點點工夫，去根據表情符號本身進行調整。

這個小節我們處理了一個很有趣的問題，外表雖然看起來有些花俏，但主要考驗的核心能力其實還是 React 的一些基本功，尤其著重於狀態管理與元件之間的 prop 傳遞，能輕鬆解決這個問題的話，表示你確實對 React 有了基本的掌握，已經夠格去面臨後續的延伸問題了。

沒錯，正如標題所說的，這僅僅是 Part I 的題目。在面試時，這個環節基本上並沒有占用多少時間，完成這個基礎的架構後，後續才是真正的開始，但別擔心，延伸問題用的也是我們至今有討論過的內容，說不定你看完之後反倒嗤之以鼻呢。

 求職 Q & A

 Danny，我做蠢事了，面試雖然還在進行中，但我已經口頭答應一間公司的 Offer，沒想到另一家我更想去的公司後來也發 Offer 給我，我該怎麼辦？

看似一個不太常見的問題，但我自己也不太敢相信這個問題我居然被問了兩次。首先還是那句老話，我必須不斷強調「台灣軟體圈子很小」這一個事實，所以在情況允許的前提下，你任何職場相關的操作都不要把事情鬧得太難看，但這並不表示你就得乖乖去第一家公司。

坦白說，只要白紙黑字還沒有簽，一切就有迴轉的餘地，若你真的很想去第二家公司，那麼我建議的策略永遠都是誠實為上，儘早跟對方好好說明你的情況，「不要猶豫不決，耽誤彼此的時間」才是上策。

4.7 點擊畫面後新增表情符號，也算是 React 面試題？（Part II）

在上一小節中，我們完成了這個題目的基礎架構，透過妥善的狀態管理與元件間的資料傳遞，達成了題目的基本需求，實際上所寫的程式碼沒幾行，也許你會覺得不夠過癮。在這一小節中，我們將會延伸這個基礎架構提出更多需求，這也是在該面試中我被追問的幾個問題，我必須說當時我並沒有表現很好，但我相信能堅持看到這裡的你，肯定能比當初的我更有餘裕地面對這個題目的挑戰，我們一起來看看吧！

範例程式碼

URL https://codesandbox.io/p/sandbox/4-7-dian-ji-hua-mian-xin-zeng-
emojiye-suan-reactmian-shi-ti-part-ii-tnyjsl

 完成點擊畫面後生成表情符號（Part II）

題目說明

我們要延續上一小節的基礎架構，也就是說，你需要以下方的程式碼作為起手式。

```
const Emoji = ({ x, y, emoji }) => (
  <span
    className="emoji"
    role="img"
    style={{
```

```
      position: "absolute",
      left: `${x - 24}px`,
      top: `${y - 24}px`,
    }}
  >
    {emoji}
  </span>
);

function App() {
  const [emojis, setEmojis] = useState([]);
  const fruitEmojis = ["🍎", "🍊", "🍇", "🍏", "🍒"];

  const handleClick = (e) => {
    const x = e.clientX;
    const y = e.clientY;
    const randomEmoji =
      fruitEmojis[Math.floor(Math.random() * fruitEmojis.length)];
    setEmojis((prevEmojis) => [
      ...prevEmojis,
      { id: Date.now(), x, y, emoji: randomEmoji },
    ]);
  };

  return (
    <div className="container" onClick={handleClick}>
      <h1>Click to add a fruit emoji 🍎🍊🍇</h1>
      {emojis.map((emojiObj) => (
        <Emoji
          key={emojiObj.id}
          x={emojiObj.x}
          y={emojiObj.y}
          emoji={emojiObj.emoji}
        />
```

```
      ) ) }
    </div>
  );
}
```

　　本次的題目要求是分段的，我們需要克服一個又一個的關卡，最終才能跟這個題目說掰掰，總共你需要依序完成以下三個延伸需求：

1. 當表情符號渲染後 2 秒，讓該表情符號出現反覆簡單的心跳動畫效果（變大再變小）。

2. 在畫面上新增一個按鈕，點擊該按鈕時，須同時控制所有表情符號的動畫狀態（一起開始 / 停止）。

3. 點擊按鈕時，該按鈕上不能出現表情符號，請阻止表情符號在按鈕上出現。

　　最終完成的結果應如圖 4-17 所示的 GIF。對於實體書的讀者我很抱歉，但這個範例不用動態圖，實在太難表達題目要求的意思。

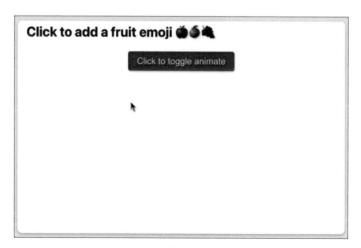

∩ 圖 4-17

　　在示意圖中可以看到，點擊容器內除了按鈕之外的任何地方，仍會與之前的範例相同，在點擊處產生一個表情符號，而在 2 秒後，每個表情符號都會自行進入心跳的動畫，每個表情符號在動畫上都有著獨立的啟動時間。接著你點擊新增的按鈕後，所有的表情符號都停止動畫，並恢復最原始的大小，再次點擊按鈕後，則同時再次進入心跳動畫。

在實際面試中，動畫相關的 CSS 也需要自己完成，但礙於篇幅的關係，心跳動畫相關的樣式已經替你預先寫好了，注意我這邊用了 alternate 屬性，以讓動畫保留完成的效果，會更好地模擬心跳的情況，否則它會放大到 1.5 倍後，瞬間縮水回原本大小。請你利用這個 heartbeat class 去做動畫效果，不須更改任何樣式的相關程式碼，這並不是這個題目的重點，把心思花在處理渲染邏輯的部分即可。

```css
.heartbeat {
  animation: heartbeat 0.5s ease-in-out infinite alternate;
}

@keyframes heartbeat {
  from {
    transform: scale(1);
  }
  to {
    transform: scale(1.5);
  }
}
```

作者小叮嚀

有些人可能會嘴「動畫這種東西我平常這麼少寫，面試中怎麼可能寫得出來」，但實際上要一個前端工程師寫基本的動畫樣式，我不認為是什麼嚴苛的要求，當然這玩意其實很看產業與產品，確實有許多工程師在日常開發時，根本不會寫到這方面的樣式。不過，即便你因為不熟練，而在面試當下有些語法錯誤，通常也能透過面試官的協助與引導完成，有些甚至還開放你在線上查詢。只要你稍微有些概念，這類的情境就不用太擔心，這類玩意不常碰，本來就容易忘記，不是什麼世界末日。

▌解答與基本說明

✪ 第一步：處理表情符號的動畫效果

　　題目很好心替你處理了動畫的樣式，剩下的部分就是在對應的情況中加入這個 heartbeat class。我們知道要在元件掛載的 2 秒後加入動畫效果，這聽起來像是一個 useEffect 的工作，與此同時，你也需要另一個 state 來決定這個元件現在是否要加入 heartbeat class，請修改你的 Emoji 元件程式碼。

```
const Emoji = ({ x, y, emoji }) => {
  // 加入 state 管理動畫是否呈現
  const [animated, setAnimated] = useState(false);

  // 利用 useEffect 在 2 秒後變更 state
  useEffect(() => {
    const timeoutId = setTimeout(() => setAnimated(true), 2000);
    return () => clearTimeout(timeoutId);
  }, []);

  return (
    <span
      // 動態變更 className
      className={`emoji ${animated ? "heartbeat" : ""}`}
      role="img"
      style={{
        position: "absolute",
        left: `${x - 24}px`,
        top: `${y - 24}px`,
      }}
    >
      {emoji}
    </span>
  );
};
```

我們在原本的程式碼中加入以下幾個修改：

1. 新增 animated state，去控制該元件是否需要去呈現動畫效果，由於動畫效果是每個元件彼此獨立，我們需要在元件內利用 state 控制，而非從外部接受 prop 做這樣的邏輯。

2. 新增 useEffect 的使用，配合 setTimeout 函數，在元件掛載的 2 秒後更新 animated 的值，將其設為 true，空的依賴陣列確保了這個 useEffect 中的 callback 只會在掛載時執行，同時 cleanup function 的使用也會避免記憶體洩漏的問題。

3. 利用新增的 animated，去動態變更每個 Emoji 元件的 className，在正確的條件下掛上預先寫好的 heartbeat class，從而觸發動畫的效果。

檢查一下畫面的行為，你會發現確實已經達成了第一個要求。恭喜你！這也是這幾個延伸題目中最為困難的題目，是不是遠比你想像的簡單呢？那麼我們一鼓作氣把剩下的需求一併完成吧！

 JavaScript 加油站　**Template Literal 的強大功能以及其在 React 中的應用與注意事項**

在撰寫 React 應用程式時，我們常常會使用字串來控制樣式或其他 DOM 元素的屬性。特別是 className 經常需要根據不同的條件來動態賦值。這裡 Template Literal（樣板字串）提供了一個強大的工具，讓我們能夠輕鬆嵌入變數與條件式，並且保持程式碼簡潔可讀。

Template Literal 是一種用反引號（`` ` ``）來包圍的字串，可以輕鬆嵌入變數與表達式。不同於傳統的字串拼接方式，樣板字串讓我們能用 ${} 的語法在字串中插入變數。下方是一個簡單的範例：

```
const name = 'React';
console.log(`Hello, ${name}!`); // Hello, React!
```

在 React 中，Template Literal 常被用於組合 className 或 style 屬性。例如，我們想根據某個狀態來切換按鈕的樣式，可以這樣寫：

```
<button className={`btn ${isActive ? 'active' : ''}`}>Click me</button>
```

在實務上，這樣的寫法極為常見，三元運算在這類的情境會是個好幫手。不過，你也會看到更為簡短的寫法，同樣以上方按鈕作為例子，你也許會看過類似這樣的寫法：

```
<button className={`btn ${isActive && 'active'}`}>Click me</button>
```

在 isActive 為 true 時，會看不出問題；當 isActive 為 false 時，isActive && 'active' 會回傳 false，最終導致 className 的值變成：

```
<button class="btn false">Click me</button>
```

同樣的情況也發生在其他屬性的傳入，Template Literal 雖然強大，在 React 中也經常使用，但務必注意這些小細節讓你的應用程式不至於出意料之外的錯誤。

✪ 第二步：新增觸發同時停止 / 開始動畫效果的按鈕

　　第二個需求需要你注意題目中的關鍵字，也就是「同時開始 / 停止」這一點，這會關係到你該在哪一層加入這個 state 管理，既然所有的 Emoji 元件都要一起被控制，那麼你最好的選擇便是在 App 元件加入對應的 state 管理，同時將這個 state 作為 props 傳給 Emoji 元件，讓它知道現在動畫該開始還是停止。這類的規劃會直接影響到你程式碼的複雜度以及最終呈現的成果是否符合預期，試著透過題目中的關鍵字去做合理的設計，會是這類現場面試時很重要的一點。

　　理解上述的內容後，我們就需要動手修改我們的兩個元件了。首先從 App 元件開始，針對該元件做以下的修正：

```
function App() {
  const [paused, setPaused] = useState(false); // 增加 paused state

  const handlePausedToggle = (e) => { // 新增 toggle function
```

```
    setPaused(!paused);
  };


  return (
    <div>
      <button onClick={handlePausedToggle}>Click to toggle animate</
button> // 新增對應的按鈕
      {emojis.map((emojiObj) => (
        <Emoji
          key={emojiObj.id}
          x={emojiObj.x}
          y={emojiObj.y}
          emoji={emojiObj.emoji}
          paused={paused} // 傳入新的 props
        />
      ))}
    </div>
  );
}
```

App 元件做的改動相當單純，主要有下列幾個更動：

1. 新增了 paused state，要作為 prop 傳給所有的 Emoji 元件，這樣我們就可以透過它去控制所有 Emoji 元件的動畫行為。

2. 新增了 handlePausedToggle 函數，當點擊按鈕觸發該函數時，我們會更新 paused 的值，使其可以在 true/false 間切換。

3. 新增了一個 button 元素，並綁上了我們剛寫好的 handlePausedToggle 函數。

4. 修改傳入 Emoji 元件的程式碼，將新增的 paused 也作為 prop 傳入該元件。

接著我們需要同步修改 Emoji 元件，讓新傳入的 paused 值可以得到妥善的運用，這部分的修改就簡單太多了，請你在 Emoji 元件中加入以下的調整：

```
const Emoji = ({ x, y, emoji, paused }) => { // 加入新增的 prop
  // 上略
  return (
    <span
      className={`emoji ${animated && !paused ? "heartbeat":"" }`} //
並修改這一行
      // 下略
    >
      {emoji}
    </span>
  );
};
```

這個部分你只需要引入我們新傳入的 prop，同時在 className 的部分將這一層邏輯一併加入，這麼一來，heartbeat class 除了原先在 2 秒後會掛載在元素上的條件之外，還多了需要確認「值是否為 false」的邏輯，兩者皆滿足後，才會掛上 heartbeat class，最終觸發動畫的效果。

✪ 第三步：避免點擊按鈕產生表情符號的行為

關於最後一個問題，我想了解 DOM 操作的人恐怕早就想到了。當我點擊按鈕後，最終事件會冒泡上去，然後觸發渲染表情符號的事件。理解這一點後，答案就呼之欲出了，你要做的就是阻止事件繼續往上冒泡即可。請修改我們原本的 handlePausedToggle 函數：

```
const handlePausedToggle = (e) => {
  e.stopPropagation(); // 加入這行
  setPaused(!paused);
};
```

透過本小節的擴展題目，我們動用到了不少之前探討過的許多情境帶出的觀念。這個看似簡單的需求，其實隱含了許多 React 重要的基本功，外表也比起其他的面試題來得更有趣一些，至今仍是我印象深刻的題目。而基礎架構與後續的延伸問題，都是在一次短短的面試中達成的，這也是這類面試常見的情境。

在不到一小時的時間內，你需要不斷完成面試官提出的要求，通常難度都是漸漸往上加，你不先克服前面的關卡，你就看不到後面的題目。而通常會被選出來的題目，不至於像白板題那樣你平常基本上碰不到的玩意，React 基本功在這邊就很重要，務必掌握最核心的狀態與副作用管理，許多問題其實都是繞著這兩個核心概念去跑而已。看完這整個問題之後，相信你並不覺得這是多麼艱深刁鑽的題目，也更有信心挑戰這類的面試了，對吧？

 求職 Q & A

 Danny，我之前聽了你的說明，決定要去挑戰外商公司，到底要英文多好，才可以去外商工作啊？

 大概多益 990、托福 120 或是雅思 9，就可以去了吧！簡單得很！玩笑話放一邊，實際在外商工作過後，你就會發現許多人把語言這玩意看得太重了。說穿了，英文也只是溝通工具的一種，能做到溝通就足夠了，當然我並不否認你需要一定的聽力與閱讀能力，畢竟幾乎所有的會議與文件都是以英文為主，但口說方面，坦白說外國人對於非母語人士真的是非常包容，講錯、講慢都不太會去糾正你，你只要勇敢表達自己的意思，配合一些文字的輔助，要應付工作的內容真的不是太困難的事情，畢竟程式碼是共通的。

很多東西都是熟能生巧，面試前做好一些常見問題的英文回答（比方說，基本的自我介紹、你為什麼想來這個團隊面試、過往的經歷以及技術相關的面試問題等），即便你在回答的過程中有點卡，只要你能穩穩地表達你的意思，口說的流利度並不會決定你技術面試的成敗。何況現在市場上有著各種 AI 工具，語言學習的管道遠比之前來得更加多元，類似像 Speak 之類的 AI 語言學習軟體，可以很好地針對這類的情境做專項的加強，讓你在這方面的準備可以更有效率一些。

我非常推薦鼓起勇氣去嘗試一些外商的面試，英文絕對是開啟工程師超能力的好方法，太多太多的機會不存在於台灣，不要因為不敢英文口說，就耽誤了你的職涯發展，勇敢去做一些嘗試吧！

4.8　自行查看文件，並完成請求同義字的功能 吧！

在前兩個小節中，我們都被水果表情符號耍得團團轉，透過一個鮮活的例子全面複習了 React 的基本綜合應用，本小節中我們來看另一種情境題。在 React 開發中，與外部 API 整合是非常常見的需求，無論是處理資料獲取還是展示結果，都涉及到非同步行為和使用者互動，尤其實務上很多時候你都需要自行去查找相關的 API 文件，並從中獲取你需要的資訊。這個面試題也是讓我印象很深刻的題目，我認為整個過程很接近實務開發情境，我們馬上來看一下這個問題吧！

範例程式碼

URL https://codesandbox.io/p/sandbox/4-8-zi-xing-cha-kan-wen-jian-wan-cheng-qing-qiu-tong-yi-zi-synonyms-de-gong-neng-ba-h76kc4

---

28 實戰決勝題　完成請求同義字的功能

▍題目說明

你現在要完成一個請求同義字（synonyms）的功能，在畫面上只有一個輸入欄位與一個按鈕，如圖 4-18 所示。

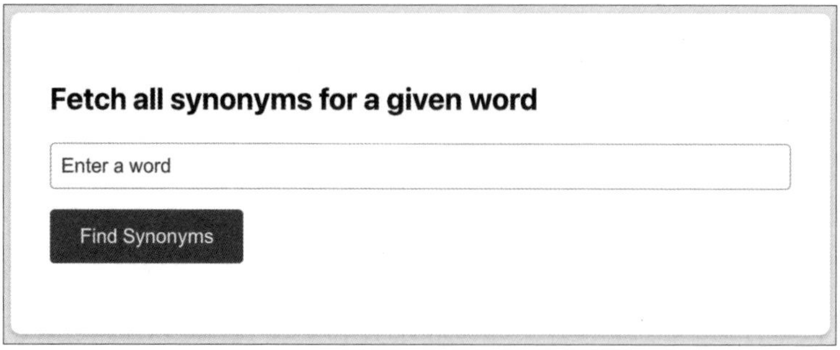

● 圖 4-18

當你在輸入欄位上隨意輸入某個英文單字並按下按鈕時，畫面在出現短暫的讀取字樣後，會顯示該單字的同義字，如圖 4-19 所示。

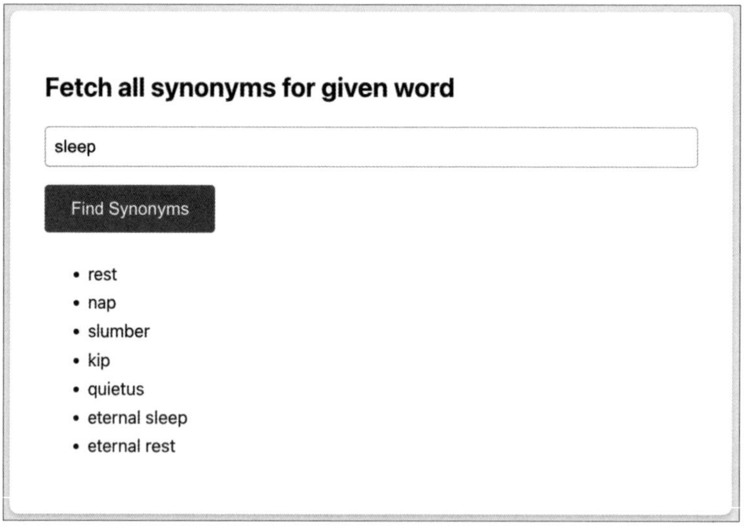

● 圖 4-19

當你點擊任一個列表中出現的同義字，會以該同義字作為請求的單字再次尋找對應的同義字，完整流程應如圖 4-20 所示的 GIF。我必須再次向實體書的讀者致歉，這種情況下我很難避免使用動態圖去表達需求。

Fetch all synonyms for given word

Enter a word

Find Synonyms

∩ 圖 4-20

最後我們重述一次需求，你現在需要建立一個 React 應用程式，讓使用者輸入一個單詞，然後獲取並顯示該單詞的同義詞。當使用者點擊一個同義詞時，輸入和顯示的列表應更新為新單詞。以下是一些注意事項：

1. 請閱讀這份文件（ URL https://www.datamuse.com/api/ ），並找出對應的 API 自行使用。

2. 讀取與找不到同義字時，應有對應的文字提示。

3. 請勿使用其他第三方的套件。

4. 無須更動畫面的樣式。

請以下方提供的程式碼作為起手式，來完成這個題目：

```
const App = () => {
  const [word, setWord] = useState("");
  // TODO: Declare your state variables for holding synonyms and
loading state
```

```
const handleSubmit = (e) => {
  e.preventDefault();
  // TODO: Implement fetching synonyms
};


return (
  <div className="container">
    <h1>Fetch all synonyms for a given word</h1>
    <form onSubmit={handleSubmit}>
      <input
        type="text"
        value={word}
        onChange={(e) => setWord(e.target.value)}
        placeholder="Enter a word"
      />
      <button type="submit">Find Synonyms</button>
    </form>
    {/* TODO: Display loading state or fetched synonyms */}
  </div>
);
};


export default App;
```

![作者小叮嚀]

在目前的前端面試職場中,越來越多公司傾向這類的實務問題,而非傳統的 Leetcode 白板題,礙於時間關係,問題本身都不至於太過複雜,但在面試的高壓情況下,還是難免會犯一些平常開發時不會犯的錯誤。這時其實與白板題的處理情境很類似,務必儘可能與面試官多交流,在動手前大致說明你的規劃、卡關時說明你為什麼卡關,這樣對方才可能有辦法提供協助,大眼瞪小眼的空白時間絕對是對你更為不利的選項。

▊ 解答與基本說明

這種需要自行查找文件並完成指定需求，真的是相當實務的行為，這也是為什麼我很喜歡這道題目的原因，尤其以前端面試來說，比起考一些不著邊際的白板題，我認為這類的問題更能正確審視一個工程師的能力。而很慶幸的是，這類的問題漸漸不是這麼罕見，面試開頭會先提供你詳細的指示與需要的 API 文件，範例程式碼的部分也是給你最基本的架構，你要在限定時間內，用自己的一套辦法完成所有的需求，雖然看起來要完成的東西很多，但就像我之前說過的，這類現場考的問題其實都不至於太複雜（否則那麼短時間內根本沒人做得完），這次的題目也不例外。

唯一比較特別的地方是你需要先從文件中找到自己需要的 API，這時候每個人採取的手段都不太一樣，以我的習慣來說，我會採取簡單粗暴的作法，先以 Synonyms 作為關鍵字在頁面上搜尋，圖 4-21 應該是你第一個需要找到的資訊。

	Query parameters
ml	**Means like** constraint: require that the results have a meaning related to this string value, which can be any word or sequence of words. (This is effectively the reverse dictionary feature of OneLook.)
sl	**Sounds like** constraint: require that the results are pronounced similarly to this string of characters. (If the string of characters doesn't have a known pronunciation, the system will make its best guess using a text-to-phonemes algorithm.)
sp	**Spelled like** constraint: require that the results are spelled similarly to this string of characters, or that they match this wildcard pattern. A pattern can include any combination of alphanumeric characters and the symbols described on that page. The most commonly used symbols are * (a placeholder for any number of characters) and ? (a placeholder for exactly one character). Please be sure that your parameters are properly URL encoded when you form your request.
rel_[code]	**Related word** constraints: require that the results, when paired with the word in this parameter, are in a predefined lexical relation indicated by [code]. Any number of these parameters may be specified any number of times. An assortment of semantic, phonetic, and corpus-statistics-based relations are available. At this time, these relations are available for English-language vocabularies only.

[code]	Description	Example
jja	Popular nouns modified by the given adjective, per Google Books Ngrams	gradual → increase
jjb	Popular adjectives used to modify the given noun, per Google Books Ngrams	beach → sandy
syn	Synonyms (words contained within the same WordNet synset)	ocean → sea
trg	"Triggers" (words that are statistically associated with the query word in the same piece of text.)	cow → milking
ant	Antonyms (per WordNet)	late → early
spc	"Kind of" (direct hypernyms, per WordNet)	gondola → boat
gen	"More general than" (direct hyponyms, per WordNet)	boat → gondola
com	"Comprises" (direct holonyms, per WordNet)	car → accelerator
par	"Part of" (direct meronyms, per WordNet)	trunk → tree
bga	Frequent followers (w' such that P(w'|w) ≥ 0.001, per Google Books Ngrams)	wreak → havoc
bgb	Frequent predecessors (w' such that P(w'|w) ≥ 0.001, per Google Books Ngrams)	havoc → wreak
hom	Homophones (sound-alike words)	course → coarse
cns	Consonant match	sample → simple

⋔ 圖 4-21

我們知道可以透過「https://api.datamuse.com/words?rel_syn={word}"」這樣的 url 去取得需要的同義字，那麼接下來的事情就簡單多了。在實際動手之前，強烈

209

建議你至少要知道回傳的格式，這麼一來，你才知道收到請求後的資料該如何在你的頁面中管理。隨便貼個單字去呼叫那支 API 看看，例如：URL https://api.datamuse.com/words?rel_syn=sleep，你應該會看到類似下方的回傳格式：

```json
[
  {
    "word": "rest",
    "score": 2366
  },
  {
    "word": "nap",
    "score": 1568
  },
  {
    "word": "slumber",
    "score": 1024
  },
  // 以下省略
]
```

確認資料回傳格式之後，你就可以開始動手了，我們得照老步驟先思考狀態管理的問題。根據需求，你應該可以想到我們需要幾個下列狀態來控制元件的渲染行為：

1. 一個字串儲存使用者輸入的內容。

2. 一個陣列儲存最終請求到的所有同義字。

3. 一個布林值來判斷現在是否在讀取。

下一步的話，我會思考該怎麼處理資料請求的部分。我們並不希望進入頁面就開始抓資料，而是透過使用者點擊，不管是「送出」按鈕還是點擊產生的其中一個同義字，這就會是兩次相同的 fetch 行為，一般遇到這種情況，我會選擇抽出邏輯來讓頁面乾淨一些，我們這次就用一個 Custom Hook 來處理。別擔心！我們之前強調過了，這不是什麼妖魔鬼怪，只是個普通的函數罷了。

```
const BASE_URL = "https://api.datamuse.com/words";

function useFetchSynonyms() {
  const [synonyms, setSynonyms] = useState([]);
  const [isLoading, setIsLoading] = useState(false);

  const fetchSynonyms = async (word) => {
    setIsLoading(true);
    try {
      const response = await fetch(`${BASE_URL}?rel_syn=${word}`);
      const data = await response.json();
      setSynonyms(data);
    } catch (err) {
      console.log(err);
    } finally {
      setIsLoading(false);
    }
  };

  return { isLoading, synonyms, fetchSynonyms };
}
```

大致上，對這個 Custom Hook，我們做了下列幾個面向的處理：

✪ 面向一：狀態管理

synonyms 這個狀態變數用來存放從 API 回傳的同義詞列表，初始值為一個空陣列。當 API 請求成功時，我們會將回傳的結果儲存在這裡，並在畫面上展示。

isLoading 這個狀態變數控制「載入中」的顯示與否。當使用者發送請求時，我們會將 isLoading 設定為 true，以便讓使用者知道資料正在載入；一旦請求完成（不論成功與否），我們將 isLoading 設定為 false。

✪ 面向二：非同步請求（fetchSynonyms）

fetchSynonyms 是一個處理非同步請求的函數，透過 fetch 方法向 Datamuse API 發送請求。傳入的 word 是使用者輸入的單詞，請求後會獲得與該單詞相關的同義詞。

當請求成功時，我們使用 setSynonyms 更新 synonyms 狀態，將 API 回傳的資料存入陣列中，供元件後續渲染使用；而當請求發生錯誤時，我們將錯誤資訊輸出到控制台。雖然這裡只簡單印出錯誤，實務上可以進一步優化，例如：顯示錯誤訊息給使用者。

✪ 面向三：請求流程控制

在發送請求前，我們會將 isLoading 設定為 true，讓 UI 顯示載入狀態。當請求完成後（無論成功或失敗），都會執行 finally 區塊，將 isLoading 設定為 false，停止顯示載入提示。

✪ 面向四：Hook 的回傳值

這個 Hook 最終回傳了三個值：

1. synonyms：一個包含同義詞的陣列，用來在畫面上顯示查詢結果。

2. isLoading：一個布林值，用來告知是否正在載入資料，並控制 UI 中「載入中」的顯示。

3. fetchSynonyms：一個函數，用來觸發 API 請求。這個函數需要在表單提交或使用者點擊同義詞時被呼叫。

做到這一步，後續的行為就簡單多了，我們只需要在 App 元件中，使用這個寫好的 Custom Hook 即可。為了展示方便，我先將這些都放在同一個檔案中，實務上通常還是會傾向將每一個 Custom Hook 各自獨立放在不同檔案中。

```
const App = () => {
  const [word, setWord] = useState("");
  const { synonyms, isLoading, fetchSynonyms } = useFetchSynonyms();
// 引入 Custom Hook 的使用

  const handleSubmit = (e) => {
    e.preventDefault();
    fetchSynonyms(word);
  };

  const handleSynonymClick = (newWord) => {
    setWord(newWord);
    fetchSynonyms(newWord);
  };

  return (
    <div className="container">
      <h1>Fetch all synonyms for a given word</h1>
      <form onSubmit={handleSubmit}>
        <input
          type="text"
          value={word}
          onChange={(e) => setWord(e.target.value)}
          placeholder="Enter a word"
        />
        <button type="submit">Find Synonyms</button>
      </form>
      {isLoading ? (
        <p>Loading...</p>
```

```
    ) : (
      <ul>
        {synonyms.map((synonym, index) => (
          <li key={index} onClick={() => handleSynonymClick(synonym.
word)}>
            {synonym.word}
          </li>
        ))}
      </ul>
    )}
  </div>
  );
};
```

在 App 元件中的邏輯相當單純一些，主要負責處理使用者輸入單詞後的行為，並透過 useFetchSynonyms 發送 API 請求，最終展示同義詞結果。大致上你需要做以下的處理：

1. useState 管理輸入的單詞，我們這邊用了一個 word state，並在 input 欄位上綁定，每次 input 更新時也一併更新這個 state。

2. 引入 useFetchSynonyms 的使用，並透過三個回傳值在元件中進行陣列渲染、條件渲染（展示讀取狀態時的文字）以及資料請求。

3. 新增以下兩個函數，來處理表單提交與按下同義詞觸發 API 請求：

   • handleSubmit：表單提交後，會根據使用者輸入的 word 發送 API 請求，以查找同義詞。

   • handleSynonymClick：點擊某個同義詞後，會更新輸入框中的文字，並基於該同義詞重新發送 API 請求。

處理完這些後，基本的功能就完成了，能順利透過點擊按鈕或是同義字發出請求，畫面也正確渲染，那麼我們就剩下最後一個「找不到同義字時」的情境需要去處理。

這部分稍微需要費一點工夫，你不能單純判斷 synonyms 是否為空陣列，因為還沒有點擊任何東西前，synonyms 本身會是一個空陣列，我們要做的是若搜尋後synonyms 仍為空陣列，我們才顯示「No synonyms found！」的字樣。我會多加入一個 state 做這樣的管理，並稍微修改我們 handleSubmit 函數，你需要在原本的程式碼中加入以下修正的部分：

```
// 新增 hasSearched 的 state
const [hasSearched, setHasSearched] = useState(false);

// 修改 handleSubmit 函數
const handleSubmit = async (e) => {
   e.preventDefault();
   await fetchSynonyms(word);
   setHasSearched(true); // 等上方請求完成後，便將已搜尋的值更新
}
// 同時需要修改列表部分的渲染邏輯
<ul>
   {/* 只有當已經觸發搜尋且 synonyms 陣列仍為空時才顯示 No synonyms found! */}
   {hasSearched && !synonyms.length && <div>No synonyms found!</div>}
   {!!synonyms.length &&
     synonyms.map((synonym, index) => (
       <li key={index} onClick={() => handleSynonymClick(synonym.
word)}>
         {synonym.word}
       </li>
   ))}
</ul>
```

本小節的題目要求你根據文件與指示完成指定的需求，過程中你可以透過抽取邏輯的方式來精簡自己的程式碼，只要對於之前的題目有好好了解，這種程度的應用算不上是太困難的問題。這次題目的特別之處只有要求你「閱讀文件」這一點，遇到這類的情況時，記得想辦法快速找出自己需要的資訊，並確認 API 的結果，這麼一來，你才有辦法好好規劃你的元件。

 求職 Q & A

Danny，我進了公司發現不論是環境、團隊都跟我想像的不一樣，與在面試中得到的資訊有很大的落差，在這種情況下，我應該待滿多久離開才適合啊？

首先，不管怎麼樣，你都需要更多的資訊。當你確定這個團隊不適合你（慣老闆、老屁股同事、薪資不符預期之類），你可以思考下一步該怎麼處理。不過就像我說過的：「這種人生大事我不會給你直接的建議」，我從來不認為我夠格給每一個人職場上的建議，但我能站在同樣是菜鳥的立場上分享我個人的想法。

我不覺得你需要待滿多久再離開，我大概可以理解為什麼會有這樣的考量，就是怕之後履歷被人問到，會不好回答、感覺不穩定等，我認為只要你有一個合理的解釋，那你要在履歷上放什麼都無所謂。我自己的第一份工程師工作只待三個月就被開了（真人真事，歡迎自行看我的履歷查證），但我有個完整的說詞去說明，日後那段經歷也反倒替我加了一些分，這種東西給人的觀感很難確定，因此你自己要準備好對應的說法。

你可能還是會覺得待太短會很難看，但反過來說，若你一開始就知道這裡不適合自己，你卻在裡面浪費半年、一年、甚至更久的時間，那麼在面試官看來這樣會比較好嗎？再次強調，你沒辦法確定別人的想法，因此「待的時間長短」不應該是你需要考量的重點之一，自己要有一個清楚的概念去決定你的行為，若你自己都無法有個能說服自己的說法，那麼你如何期待別人去了解呢？

4.9 井字遊戲（Tic-Tac-Toe），為什麼連你都在面試場上啊？

在上一小節中，我們討論了另一個有趣的面試情境，在接近實務開發的情形下，考驗你對於 React 的綜合應用，而本小節中我們將返璞歸真，回頭看看一個我們從小玩到大的簡單遊戲如何用 React 實踐。

我這可不是在水文章，「井字遊戲」可說是前端面試題中非常常見的題目了。有許多公司的前測是利用一些測試平台（像是 HackerRank 或是 Codeforces），這個題目往往都會收錄在前端框架測驗題裡面，我自己就碰到兩次，我們馬上來看一下這個充滿童趣的題目，並希望不要變成你的童年陰影。

範例程式碼

URL https://codesandbox.io/p/sandbox/4-9-jing-zi-you-xi-tic-tac-toe-wei-
shi-mo-lian-ni-du-zai-mian-shi-chang-shang-a-h67pjy

 完成井字遊戲

▋題目說明

這次的題目只提供你需求、截圖以及一些基本的指示，絕大多數的部分都讓你自由發揮，通常在線上測試時，會期待你在半小時內處理完這個問題（因為通常會是 2~3 題的題組，這個題目會是其中之一，你不見得有完整的一小時可以處理這個問題），你有興趣的話，也可以之後計時看看自己可多快完成這個問題。題目的要求相當單純，你需要建立一個簡易的 React 井字遊戲（Tic-Tac-Toe）遊戲，其中必須滿足以下的規格：

1. 遊戲應由兩位玩家✕與○輪流進行。

2. 畫面中應顯示目前輪到哪一位玩家。

3. 在有人獲勝的當下，便宣告贏家並終止遊戲，不須處理平手的情境。

4. 畫面的呈現應提供的圖檔越接近越好。

5. 「Reset」按鈕應重置整個遊戲，包含版面與輪到哪一位玩家。

　　遊戲的起始版面，如圖 4-22 所示。

🎧 圖 4-22

當你點擊任一個格子後，會放置×或是○，並且更新目前輪到哪一位玩家的狀態，如圖 4-23 所示。

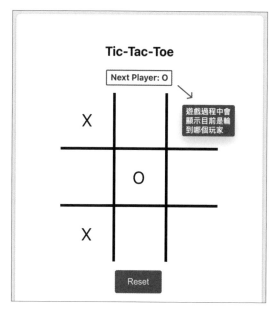

🎧 圖 4-23

當有任一位玩家達成了勝利的條件（直線、橫線或對角線的連線），遊戲立即中止，不允許任何除了 Reset 之外的點擊操作，同時顯示贏家訊息，如圖 4-24 所示。

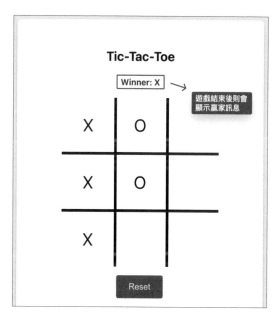

🎧 圖 4-24

請以下方提供的程式碼作為起手式來完成這個題目，這次所有的程式碼你都可以更動，你甚至不需要用我替你寫好的 state 或函數，可以照你所想的去設計。

```
const App = () => {
  // Initialize board with null values
  const [board, setBoard] = useState(Array(9).fill(null));
  const [isXNext, setIsXNext] = useState(true);

  // TODO: Function to handle click on a cell
  const handleClick = (index) => {
    // Implement your code here
  };

  // TODO: Function to reset board
  const resetBoard = () => {
    // Implement your code here
  };

  return (
    <div className="App">
      <h1>Tic-Tac-Toe</h1>
      <div className="board">
        {board.map((cell, index) => (
          <div className="cell" key={index} onClick={() => handleClick
(index)}>
            {cell}
          </div>
        ))}
      </div>
      <button>Reset</button>
    </div>
  );
};
```

```
export default App;
```

解答與基本說明

　　這種提供截圖與規格說明要你完成需求，也是另一種常見的前端面試情境，對於這類的情境，我強烈建議你先處理最基本的 UI 部分，這也是這個考題最有可能難倒人的地方了，畢竟一個井字可能不是這麼好想像該怎麼處理。

　　下方我提供我自己的解法，比較值得一提的地方大致在於，利用 :not 避免在最後一行以及最後一列加入 border，樣式部分並不是我想強調的重點，這邊你甚至可以直接用我寫好的樣式即可，請把重點放在後續的邏輯處理上。

```
.board {
  /* 排出三欄排版 */
  display: grid;
  grid-template-columns: repeat(3, 100px);
  margin: 1rem 0;
}

.cell {
  width: 100px;
  height: 100px;
  display: flex;
  justify-content: center;
  align-items: center;
  font-size: 32px;
}

/* 只在非最後一欄的位置加上右邊的邊線 */
.cell:not(:nth-child(3n)) {
  border-right: 5px solid black;
```

```
}

/* 只在非最後一列的位置加上底邊的邊線，n + 7 表示包含第七個以後的所有元素 */
.cell:not(:nth-child(n + 7)) {
  border-bottom: 5px solid black;
}
```

　　基本的井字就這樣完成了，而對我來說最困難的部分也結束了，相較於邏輯的處理，我真的不是這麼喜歡樣式方面的處理。接下來我們先處理放子，也就是點擊格子時需要做的處理，請你對 handleClick 函數做以下的修改：

```
const handleClick = (index) => {
  // 若該位置已經有值時，不讓點擊行為發生在這個 cell 上
  if (board[index]) return;

  const newBoard = board.slice();
  newBoard[index] = isXNext ? "X" : "O";
  // 利用 isXNext 判斷該填入哪個值，更新 board
  setBoard(newBoard);
  // 更新 isXNext 值輪到下一位玩家
  setIsXNext(!isXNext);
};
```

　　在這段程式碼中，我們主要負責處理玩家點擊井字遊戲格子的行為，並根據點擊的結果進行遊戲狀態的更新。邏輯相對簡單，主要包含以下幾個步驟：

✪ 步驟一：防止重複點擊

　　一開始檢查被點擊的格子是否已經有值。如果該格子已經被填上×或○，那麼這次點擊不會產生任何效果並直接回傳，不會讓這個格子被再次點擊修改。

✪ 步驟二：更新遊戲狀態

　　如果該格子沒有被填上，那麼就建立一個新的 newBoard 陣列，並根據目前是輪到╳還是○，將對應的符號填入被點擊的位置，然後透過 setBoard 更新整個遊戲版面的狀態，這會觸發 React 重新渲染畫面。

✪ 步驟三：切換玩家

　　當完成目前的填入動作後，我們會透過 setIsXNext 切換到下一位玩家。也就是說，若目前是╳的回合，點擊後會輪到○，反之亦然。

　　接著就是處理宣告贏家與顯示狀態的部分。這邊我們會需要一個 checkWinner 的函數，在每一次的點擊格子時更新顯示的狀態，每一次點擊後都會有三種可能：

1. 沒有分出勝負，輪到╳玩家。

2. 沒有分出勝負，輪到○玩家。

3. 有贏家了。

　　這也是這個題目第二難的部分，「確認是否有贏家」其實需要有些複雜的處理，但只要你先將所有可能勝利的組合都寫出來，之後在每一次檢查時，確認是否滿足其中一個組合，你就可以輕易知道目前是否有贏家。下方是其中一種寫法，請在程式碼中新增這個 checkWinner 函數：

```
const checkWinner = (board) => {
  // 可能的勝利組合
  const winningCombinations = [
    [0, 1, 2],
    [3, 4, 5],
    [6, 7, 8],
    [0, 3, 6],
    [1, 4, 7],
    [2, 5, 8],
    [0, 4, 8],
```

```
    [2, 4, 6],
  ];

  for (let i = 0; i < winningCombinations.length; i++) {
    const [a, b, c] = winningCombinations[i];
    // 檢查三個位置是否都是同一個值，若都相同則表示有贏家
    if (board[a] && board[a] === board[b] && board[a] === board[c]) {
      return board[a];
    }
  }
  // 走到這就跑完每個勝利組合，都沒找到贏家，回傳 null 表示遊戲還沒結束
  return null;
};
```

在這段程式碼中，我們負責檢查每一次的點擊後井字遊戲是否有贏家，並根據遊戲狀態做出相應的回應。主要邏輯如下：

1. **定義勝利組合**：先定義所有可能的勝利組合。這些組合是根據遊戲規則來的，包括橫排、直排以及兩個對角線上的連續三個格子。每個組合是一個由三個索引組成的陣列，對應到遊戲版面的格子。

2. **逐一檢查勝利組合**：接下來透過一個 for 迴圈逐一檢查每個勝利組合。對每個組合，會檢查這三個格子是否都被同一個玩家占據（即這三個位置的值相同，且不能為 null）。

3. **回傳贏家**：如果找到一個滿足條件的勝利組合，立即回傳該組合中的值，也就是╳或〇，表示這個玩家是贏家。相對的，若沒有勝利者時，則回傳 null；若檢查完所有的勝利組合後，都沒有找到贏家，表示目前遊戲還沒有結束。

有了這個函數之後，我們就可以知道每次點擊格子觸發重新渲染後是否會有贏家，那麼剩下的步驟就簡單多了。我們需要先使用這個 checkWinner 函數，請在元件中加入以下的程式碼：

```
// 利用 checkWinner 函數去確認目前是否已經有贏家了
const winner = checkWinner(board);
// 利用 status 變數去提示使用者現在遊戲的狀態，包含輪到哪位玩家與是否有贏家
const status = winner
  ? `Winner: ${winner}`
  : `Next Player: ${isXNext ? "X" : "O"}`;
```

在下方渲染的部分使用我們建立的 status 變數：

```
return (
  <div className="container">
    <h1>Tic-Tac-Toe</h1>
    <div className="status">{status}</div> // 加入 status 顯示
    <div className="board">
      {board.map((value, index) => (
        <div className="cell" key={index} onClick={() => handleClick
(index)}>
          {value}
        </div>
      ))}
    </div>
  </div>
);
```

同時不要忘了更新我們上方的 handleClick 函數，我們需要加入遊戲結束時不該允許點擊的邏輯：

```
const handleClick = (index) => {
  // 若該位置已經有值或有贏家時，不讓遊戲繼續進行
  if (board[index] || checkWinner(board)) return; // 修改這一行

  const newBoard = board.slice();
  newBoard[index] = isXNext ? "X" : "O";
```

```
  setBoard(newBoard);
  setIsXNext(!isXNext);
};
```

最後一個步驟則是新增一個 resetBoard 函數，點擊後重置所有的遊戲資訊，包含目前玩家與整個版面，那麼就一切大功告成啦！

```
const resetBoard = () => {
  // 回復原本預設的狀態
  setBoard(Array(9).fill(null));
  setIsXNext(true);
};
return (
  <div className="container">
    {/* 上方內容省略 */}
    {/* 並將將函數綁定在按鈕上 */}
    <button onClick={resetBoard}>Reset</button>
  </div>
);
```

對於這次的題目，你肯定在學習時有見過各種相關的教學影片，很遺憾這慢慢變成了你可能會在面試時見到的東西，除了切版的部分稍微困難一點之外，最主要的難題還是在釐清勝利條件的部分，當這塊處理完成後，狀態的管理與函數的綁定都很單純，這個題目理論上不會花你太多的時間。但由於這個範例實在過於常見，從一開始的 state 設計，每個人的解法都會有些微差異，在處理邏輯的複雜程度也不盡相同，若你覺得我提供的範本太過於難懂，你也可以試著用相同的邏輯改寫看看。

求職 Q & A

 Danny，我覺得我目前公司的環境不是很健康，雖然我很想去試試外面的機會，但我主管又對我非常好，總覺得離開會很對不起他，我該怎麼做比較好？

老話一句，這種問題我並不會給直接的答案，但我會提供我自己思考的方向。我認為「不管在什麼情況下，人情永遠是你最不該考慮的點」，人都會想追求更適合自己的環境，這並不存在什麼對錯，「職場上來來去去」這一點很正常，只要事前有通知，不要讓自己後續的工作沒人接上，「念在舊情」這種事情我覺得是不太明智的。若你主管真的是為你好，那麼對你追求更好的機會應當祝福才對，同樣的道理也適用在同事身上，當你有同事要為了更好的機會離開，你要做的也只是祝福，而非人情綁架，「己所不欲，勿施於人」就是個很好的總結。

當然，我並不是建議你一有問題就直接離職，這種事情自然需要大量的溝通協調再做決定，我想表達的是若你真的要走，人情不應該是影響你決策的因素，這並不是什麼忘恩負義之類的狗屁，「往更好的地方去」單純就是理所應當的事情。

4.10　翻牌遊戲也來參一腳！

終於到了本書的最後一個小節，用來收尾的是我碰過的一個前測題目：「翻牌遊戲」（Memory Card Game），也有人叫做「釣魚」或是「神經衰弱」，概念上很單純，在一個起始盤面上會有雙數的卡片，每次輪到你的時候隨機翻開兩張卡片，若是卡片顯示的圖案相同，則獲得分數並將卡片展開；若不相同，則將卡片蓋回。撤除翻牌的動畫效果，這個題目同樣考驗你對於 React Hooks 的綜合使用，我們來檢視一下你讀到這邊究竟累積了多少基本功吧！

範例程式碼

URL https://codesandbox.io/p/sandbox/4-10-fan-pai-you-xi-memory-card-game-ye-lai-can-yi-jiao-llr737

完成翻牌遊戲

題目說明

請你打造一個滿足以下條件的翻牌遊戲：

1. 一開始展示 12 張面朝下的牌，12 張牌要能湊出 6 個成對且不相同的組合（例如：A-A、B-B 這樣算一對）。

2. 每當任何一張卡被點擊時，會翻面朝上。

3. 若點擊任兩張卡，並發現正面字母相同（也就是成對），則標記卡片為成對且將卡片保持朝上。

4. 若兩張卡不相符，則 500 毫秒後將兩張卡蓋回。

5. 若所有的卡片都成對，終止遊戲並在下方顯示「You Win!」。

6. 請勿修改 CSS 檔案的任何內容與 render 部分的 className，只需處理邏輯的部分。

遊戲的過程應如圖 4-25 所示的 GIF，這邊我就不再對實體書的讀者道歉了，事不過三嘛！

🎧 圖 4-25

遊戲完成之後，應如圖 4-26 所示，所有的牌應朝上，且下方顯示獲勝訊息。

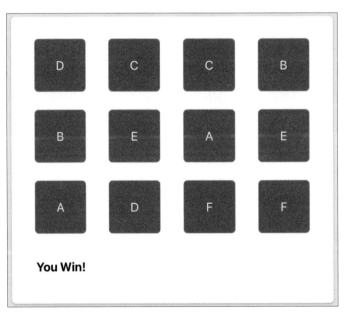

🎧 圖 4-26

以下是作為起手式的範例程式碼，與上一小節的情況相同，你不見得需要使用我預先寫好的 state 或函數，可以完全照你所想的發揮，只要有滿足上述的指定規格即可。

```
const App = () => {
  const initialCards = ['A', 'A', 'B', 'B', 'C', 'C', 'D', 'D', 'E',
'E', 'F', 'F'];
  const [cards, setCards] = useState(initialCards);
  const [flipped, setFlipped] = useState(Array(12).fill(false));
  const [check, setCheck] = useState([]);
  const [completed, setCompleted] = useState([]);

  // Shuffle cards on mount
  useEffect(() => {
    setCards(initialCards.sort(() => Math.random() - 0.5));
  }, []);

  const handleFlip = (index) => {
    // TODO: Implement handleFlip
  };
  // TODO: Implement the logic to check for matching cards

  // TODO: Implement the logic to display the game status
  const gameStatus = "";
  return (
    <div className="container">
      {cards.map((card, index) => (
        <div className="card-container" key={index} onClick={() =>
handleFlip(index)}>
          <div className={`card ${flipped[index] || completed.
includes(index) ? 'flip' : ''}`}>
            <div className={`front ${completed.includes(index) ?
'matched' : ''}`}></div>
```

```
            <div className={`back ${completed.includes(index) ?
'matched' : ''}`}>{card}</div>
          </div>
        </div>
    ))}
    {gameStatus}
  </div>
  );
};


export default App;
```

　　我也先替你寫好卡片**翻轉**的動畫效果了，請參考下方 CSS 的部分，若你要修改起始程式碼的結構，務必參照預先寫好的 class 去觸發翻轉的效果。

```
.card {
  width: 100%;
  height: 100%;
  position: absolute;
  transform-style: preserve-3d;
  transition: transform 0.5s;
}


.card.flip {
  transform: rotateY(180deg);
}


.card .front,
.card .back {
  width: 100%;
  height: 100%;
  position: absolute;
  backface-visibility: hidden;
```

```
  display: flex;
  align-items: center;
  justify-content: center;
  font-size: 24px;
  border: 1px solid #ccc;
  border-radius: 8px;
  background-color: #ccc;
}

.card .back {
  transform: rotateY(180deg);
  background-color: #4caf50;
  color: white;
}
```

▌解答與基本說明

　　這個題目確實是相當有難度的題目，幸好當時碰到時允許線上查詢所需的資訊，否則我的 CSS 造詣並沒有高到可以隨手寫出翻牌的效果，這也是我認為整個題目最為困難的地方，但我還是比較想將重心放在 React 相關的邏輯處理，因此樣式的部分我已經替你處理好，這邊也會補上一些基本說明，有興趣的可以自行鑽研一下。

　　幾個樣式中，較值得注意的地方有以下這幾個部分：

1. perspective: 1000px;：設定視角距離，讓 3D 效果更明顯，但不會過於誇張，給人適度的深度感。

2. transform-style: preserve-3d;：確保元素的子元素在 3D 空間中進行變換，這樣 front 和 back 層能夠保持各自的 3D 位置。

3. backface-visibility: hidden;：隱藏元素背面，避免在卡片翻轉時前後兩面同時可見，確保視覺效果正常。

4. transform: rotateY(180deg);：沿 Y 軸旋轉 180 度，用於實現卡片的翻轉效果，當卡片背面內容不需要顯示時，可以使用這個屬性將其隱藏。

這些預先寫好的 class 都已經套用在元件的渲染部分，你無須改動。

```
<div
  className={`card ${
    flipped[index] || completed.includes(index) ? "flip" : ""
  }`}
>
  <div
    className={`front ${completed.includes(index) ? "matched" : ""}`}
  ></div>
  <div
    className={`back ${completed.includes(index) ? "matched" : ""}`}
  >
    {card}
  </div>
</div>
```

渲染部分的處理，大致上分成以下幾個要點：

✪ 動態應用 flip class

```
className={card ${flipped[index] || completed.includes(index) ? "flip" : ""}}
```

這段判斷式用來控制卡片是否應該顯示正面。如果該卡片已被翻開（flipped [index] 為 true），或是該卡片已經配對成功並保持翻開狀態，則會加上 flip class，讓卡片進行翻轉動畫，顯示背面內容；若兩者皆不符合，則卡片維持初始的隱藏狀態。

✪ 前面與背面的 class 判斷

```
className={front ${completed.includes(index) ? "matched" : ""}}
className={back ${completed.includes(index) ? "matched" : ""}}
```

這段程式碼根據卡片是否已配對成功，動態增加 matched class。matched 主要用來控制卡片配對成功後的視覺效果，確保當卡片成功配對時，前後兩面都會顯示為已配對狀態；如果卡片未成功配對，則不會增加 matched class，卡片會保持初始狀態。

✪ 卡片背面顯示內容

{card} 表示卡片的內容是以字母（如 A、B 等）顯示在背面，當卡片翻轉時，顯示該字母來告訴玩家這是什麼卡片。

回到元件中邏輯處理的部分。我們先來觀察一下題目給你的幾個 state，當然你可以隨意修改，不過你也是可以用既有的 state 完成題目的要求。

```
// 儲存一開始的 12 張卡，其中包含六個對子
const [cards, setCards] = useState(initialCards);

// 儲存目前每張卡是否翻開的狀態，用以決定下方是否要掛上對應的 class
const [flipped, setFlipped] = useState(Array(12).fill(false));

// 儲存目前正在翻的卡片，當翻到兩張時開始檢查的相關邏輯
const [check, setCheck] = useState([]);

// 儲存所有已經成對的卡片，用以決定下方是否要掛上對應的 class
const [completed, setCompleted] = useState([]);
```

其中，所有的卡片我們都會以 index 作為紀錄，辨別目前該修改哪張卡片的狀態。理解這一點之後，我們就可以先處理最重要的 handleFlip 函數了，請在 handleFlip 函數中加入以下的內容：

```
const handleFlip = (index) => {
  if (flipped[index] || completed.includes(index)) return;

  setFlipped((prev) => {
    const copy = [...prev];
    copy[index] = true;
    return copy;
  });

  setCheck((prev) => [...prev, index]);
};
```

此段程式碼處理的邏輯相當直覺，主要包含以下幾個邏輯：

1. 檢查目前點擊的卡片是否已經翻開或是已經成對，若沒有才繼續以下的邏輯。

2. 將該卡片利用 setFlipped 設為翻開。

3. 將該卡片利用 setCheck 加入目前正在翻的卡片陣列。

接著我們要處理 check 的部分，每一次以兩張卡為限，每當翻開兩張時，我們就要檢查是否兩張卡有成對。這邊有許多種作法，我提供其中一種最為直觀的解法，也就是利用一個 useEffect 去處理這個邏輯，請你在元件中新增下方的 useEffect 區塊：

```
useEffect(() => {
  if (check.length === 2) {
    const [first, second] = check;
    if (cards[first] === cards[second]) {
```

```
      setCompleted([...completed, first, second]);
    } else {
    setTimeout(() => {
      setFlipped((prev) => {
        const copy = [...prev];
        copy[first] = false;
        copy[second] = false;
        return copy;
      });
    }, 500);
  }
  setCheck([]);
  }
}, [check]);
```

1. 先檢查是否目前已翻開兩張卡。

2. 若已經翻開兩張卡，則確認是否成對，並利用 setCompleted 更新狀態。

3. 若沒有成對，則在 500 毫秒後將兩張卡利用 setFlipped 蓋上。

4. 利用 setCheck 將檢查用的 check 陣列設為初始狀態。

最後的部分就簡單多了，我們只要檢查 completed 陣列的長度是否跟初始陣列一樣長，就可以判斷遊戲是否結束囉。

```
const gameStatus = completed.length === 12 ? "You Win!" : "";
```

到這邊，我們就完成了本小節的題目，恭喜你完成了本書的最後一個技術章節。在本章中，我們著重於將前面所學的 React 概念與技巧應用到實際的面試題目上，透過十個面試題的實戰演練，你不僅學到了如何解決商業需求，還在解決問題的過程中，進一步鞏固了對 React 核心概念的掌握。

在這一系列的題目中，我們從基本的狀態管理到更高階的效能優化，再到元件設計與事件處理，逐步提升難度，讓你能夠系統化練習 React 面試中常見的問題。透過這些挑戰，你應該對 Hooks、狀態管理、效能優化、條件渲染等概念，有了更深入的了解，並能夠靈活運用它們來解決實際開發中的問題。

在本章中，我們不僅考驗了你對 React 概念的理解與綜合應用，更希望幫助你建立起處理實際業務需求的能力。每個題目都有其實用價值，無論是作為面試準備，還是日常開發的實戰經驗，都將為你提供不可或缺的實務技巧。再次恭喜你撐到現在，希望你未來的職涯順順利利。我是 Danny，我們之後有緣再見吧！

求職 Q & A

Danny，我開始跑面試已經有一段時間了，投遞了很多的履歷，也跑了一些面試，但一直都是無聲卡或是婉拒信，心中越來越懷疑自己是否有這個能力當工程師了，這種情況下我該怎麼辦？

我很希望我不需要回答這樣的問題，有一部分極度天真的我希望大家求職都能順順利利的，但事實上這類的問題我被問了很多次，除了針對個人情況，我去做一些額外補充，基本回覆的核心概念都是保持一樣的：「面試非常講究緣分，很多時候並不是你的問題」。我之前也提過，作為求職者的我們能掌握的東西真的太少了，有時剛好被問到完全沒複習過的冷門問題、有時面試官刻意刁難、能力夠但市場剛好就是沒有適合的機會、甚至職缺根本不存在（我認真的，真的有這種王八蛋公司），對方要真想拒絕你，理由只要願意找，都一定能找得出來，是否合理根本無從得知。

作為面試者，你只要把你能做好的部分做到最好，以下幾個是我們確實可以掌握的東西：

- 用心寫好履歷與求職信。

- 練熟自我介紹等基本問答。

- 練習常見的面試題目。

- 不斷精進自己技術能力。

我知道這會有點痛苦，但儘量不要因為這樣的壓力，就對第一個給你 Offer 的公司死心塌地，Offer 這種東西有一個，後面就會有很多個，多去做比較，儘可能去選擇最適合自己的環境，一份好的工作會讓你有很大的成長，先求有再求好的概念，我不認為適用於求職。我能做到順利轉職並享受著工程師的工作，相信你也可以，加油！當然，也可以多找工程師的朋友談談，多方了解市場的情況，對你來說百利無一害。

博碩文化

博碩文化